完全図解

行動会計

リーダーのための会計力トレーニング

松原 直樹
Naoki Matsubara

日本経済新聞出版

プロローグ

◆はじめに

1976年、ベンチャー企業の草分けでもあるソニー株式会社の一角で、「マネジメントゲームMG」という名のユニークな教育プログラムが誕生しました。開発に携わったのは、エンジニア（技術者）と、管理・人材開発部門のメンバーたち。エンジニアが大多数を占める技術開発型企業のソニーにとって、マネジメントのできる人材の育成は急務でありながら、たいへん困難な課題でもありました。目指したのは、経営に関心の薄いエンジニアたちに、マネジメントのノウハウを、短期間で効果的かつ楽しく身につけさせることでした。

一口にマネジメントと言っても、その学習領域は広範囲にわたります。それゆえ、管理のテクニックやスキルを磨くプログラムが、さまざまな方面から開発されてきました。しかしながら、最も重要であるはずの、経営の仕組みの理解や経営数値の知識については、誤解を恐れずにいうならば、現場感覚にはほど遠い、エンジニアにとっては難解極まりない内容のものがほとんどでした。

何とか、経営を「自分事」として実感しながら、現場に直結した経営知識や計数感覚を身につけられないか――。この思いに対する回答が、マネジメントゲームMGだったのです。

もともとは社内教育用に開発されたのですが、このマネジメントゲームMGが持つ、トータル感、具体性、説得力、ゲーム性が、高い評価を受け、社外からのニーズも高まったため、広く一般企業のビジネスパーソンを対象とした教育ツールとして商品化されることになりました。

これまでに国内だけで4,000社、80万人を超えるビジネスパーソンが受講しており、今では企業教育の定番として広く認知されています。また海外への展開については、早くから米国、韓国への進出を果たし、近年では中国、東南アジア諸国でも注目されています。

製造業コースからスタートしたマネジメントゲームMGは、その後、商業コース、建設業コース、サービス業コース、銀行コース、IT関連コースへと業種を展開するとともに、教育目的に応じて、「企業会計の基本を学ぶ『MG』」、「ビジネスリーダーを育てる『AMG』（アドバンスト・マネジメントゲーム）」、「新人のための『BMG』（ベーシック・マネジメントゲーム）」の3つのグレードを設定し、現在では、マネジメントゲームMGシリーズとして、さまざまなニーズに対応できる体系を構築しています。
　本書は、マネジメントゲームMGシリーズの上級コースである『AMG』のエッセンスをまとめて、企業会計の入門書としたものです。すでにMGを受講された方、これからMGを受講してみたいと考えている方、あるいは企業会計を効果的な方法でマスターしたいと考えている方々に、ぜひ、お読みいただきたいと思います。

◈MGは体験学習

　マネジメントゲームMGは体験学習のひとつです。体験学習では、学習者が自ら課題に気づき、自らの手でその課題を解決していきます。この学習方法の利点は、体験プロセスを通して、課題発見と課題解決のノウハウ・ドゥハウを、能動的かつ主体的に修得できるところにあります。人から与えられた課題は所詮「他人事」ですが、自分で気づいた課題は「自分事」だからです。
　もしあなたが経営者であるなら、ゲームを通して日々の意思決定のツボを改めて発見し、目からうろこが落ちる思いをすることでしょう。中間管理者であれば、組織目標の現場へのブレークダウンや、それに伴う数値の使い方を、納得しながら体得できるはずです。新人であれば、企業社会の仕組みや、見方・考え方が、ストンと腑に落ちるに違いありません。

◈「理入」と「行入」

　学習方法には「理入」と「行入」の2つがあります。これは仏教からきている言葉ですが、「理入」は、何か事をなすにあたって、まず理論・知識の吸収から入るやり方、「行入」は行動・体験から入るやり方をさします。
　学校教育が多くの分野で「理入」を基本としているため、教育といえば「理入」のイメージが強いのですが、実践性や即効性を強く求める企業内教育においては、「理入」で気長に時間をかけて、人材を教育しているだけの余裕はありません。そこで、「行入」が注目されるようになりました。
「行入」すなわち体験先行型学習は、実践性や即効性において、高い効果が期待できますが、一方で課題もあります。体験のための物理的な道具立てや準備が必要なこと、面白さや楽しさを追求するあまり、肝心の中身が希薄になってしまう恐れがあること、などです。
　このように「行入」と「理入」は、ともに利点や欠点を持っていますが、問題は、「どちらが優れているか」ではなく、「どうすれば、それぞれの持つ“よさ”を組み合わせて、教育に活かしていくことができるか」です。

本書のキーコンセプトである「行動会計」は、会計・財務の領域を、「行入」と「理入」の両面から修得し、実際に行動できる力（会計力）を創り出そうとする考え方です。具体的には、「行入」のマネジメントゲームMGと、「理入」の本書の2つを、効果的に組み合わせて教育研修を実施します。その結果、「行入」と「理入」が、車の両輪のように支え合い、影響し合って相乗的な学習効果を生み出すのです。

◈本書の構成

本書は、『AMG』研修の副読本として使用することも想定して編集しています。AMGを体験しながら本書を読み進めていくことが最も効果的ですが、たとえ、AMGを体験していなくても、ビジネスパーソンの会計入門書としてご活用いただけるよう、基礎からやさしく解説することを心がけました。

第1章では、会計の歴史や意義をかみ砕いて解説し、本書のコンセプトと学習領域を明らかにしています。

第2章では、行動会計の入り口ともいうべき戦略会計を学習し、現場に直結した会計の視点を身につけます。

第3章では、会計の本丸である財務会計の全般的な復習と分析ポイントの学習により、財務諸表を見る眼を鍛えます。

第4章では、事業計画立案のノウハウを、AMGのシミュレーションシートを例にとりながら解説します。

第5章では、AMGによるリーダーシップ診断の概要を解説します。

AMGを知らない方も、本書を読みながら概要をイメージできるよう、随所にAMGに関する記述を入れました。多くの方々が、本書を活用して「数字に強いビジネスパーソン」となられることを願ってやみません。

末筆ながら、本書の出版にあたり、多大なご尽力と適切な助言をいただいた、日本経済新聞出版社の白石賢氏と田口真弓氏に、この場を借りてお礼申し上げます。

2010年6月　　松原 直樹

完全図解 行動会計

◎目次

CONTENTS

完全図解 行動会計　◎目次

CONTENTS

③C/Sを極める

CONTENTS

第4章　シミュレーションで会計脳トレーニング

①ビジネスの全体像を描く

②投資の採算計算

第5章　AMGで経営型人材を創る

①経営型人材に求められる能力

②AMGによるリーダーシップ診断

■装幀・イラスト・DTP／齋藤　稔

「マネジメントゲーム MG」「戦略会計」「STRAC」は、マネジメント・カレッジ株式会社の登録商標です（「行動会計」は商標登録申請中）。ソニーが開発したマネジメントゲーム MG に関する一切の知的財産権は、マネジメント・カレッジ株式会社が保有しています。

第1章

経営のセオリーを知る

第1章……① 目指すは全員経営

01 全員経営こそが企業の原点

――求められるのは経営型人材――

環境が大きく変化する中で、自己の構造を変革できない企業は生き残ることはできません。変革のキーワードは全員経営です。

●強い会社とは？

強い会社とは、どんな会社なのでしょうか。一昔前なら、規模の大きい会社、売上ナンバーワンの会社などをイメージしたことでしょう。しかし、情報技術の加速度的な進歩により、世界全体が想像を超えるスピードで変化し、相互に影響しあうような現在では、大きいことが必ずしもアドバンテージとはなりません。かつて地上最強の生物といわれた恐竜が、激しい環境変動に適応できず絶滅していったように、変化に対し柔軟かつスピーディーに対応できない組織は、今の時代を生き残ることはできないのです。

➡アドバンテージ
優勢、優越、有利。ビジネスでは優位性や有利な立場という意味で使われる

●目指すは「全員経営」

どんなに大きな企業も、創業時はごく少数の社員による「全員経営」でスタートしたはずです。しかし、組織が大きくなるにつれ、統制をとるための規則やルールが増えていきます。組織効率を維持する上では必然のことなのですが、残念ながらそのような統制型組織では、敷かれたレールの上を規則どおりに走る「安定継続型」人材しか育たなくなってしまうのです。

➡統制型組織
マニュアルによって動く、指示・管理中心の組織。決められた範囲のタスクは迅速に処理できるが、範囲外の事や流動的な状況には対応できない弱点を持つ

いま、環境変化に直面する多くの先進企業が目指すのは、組織の単位をできるだけ小さくし、その小さなユニットの一つひとつが経営感覚を持って随時組み合わせを変えながら連携して事にあたる、そのような組織です。これが全員経営と呼ばれるものです。そこで求められるのは「経営型」人材です。

では、どうすればそのような人材が育つのでしょうか。その手がかりを本書を通して探してみたいと思います。

■ 全員経営こそが企業の原点

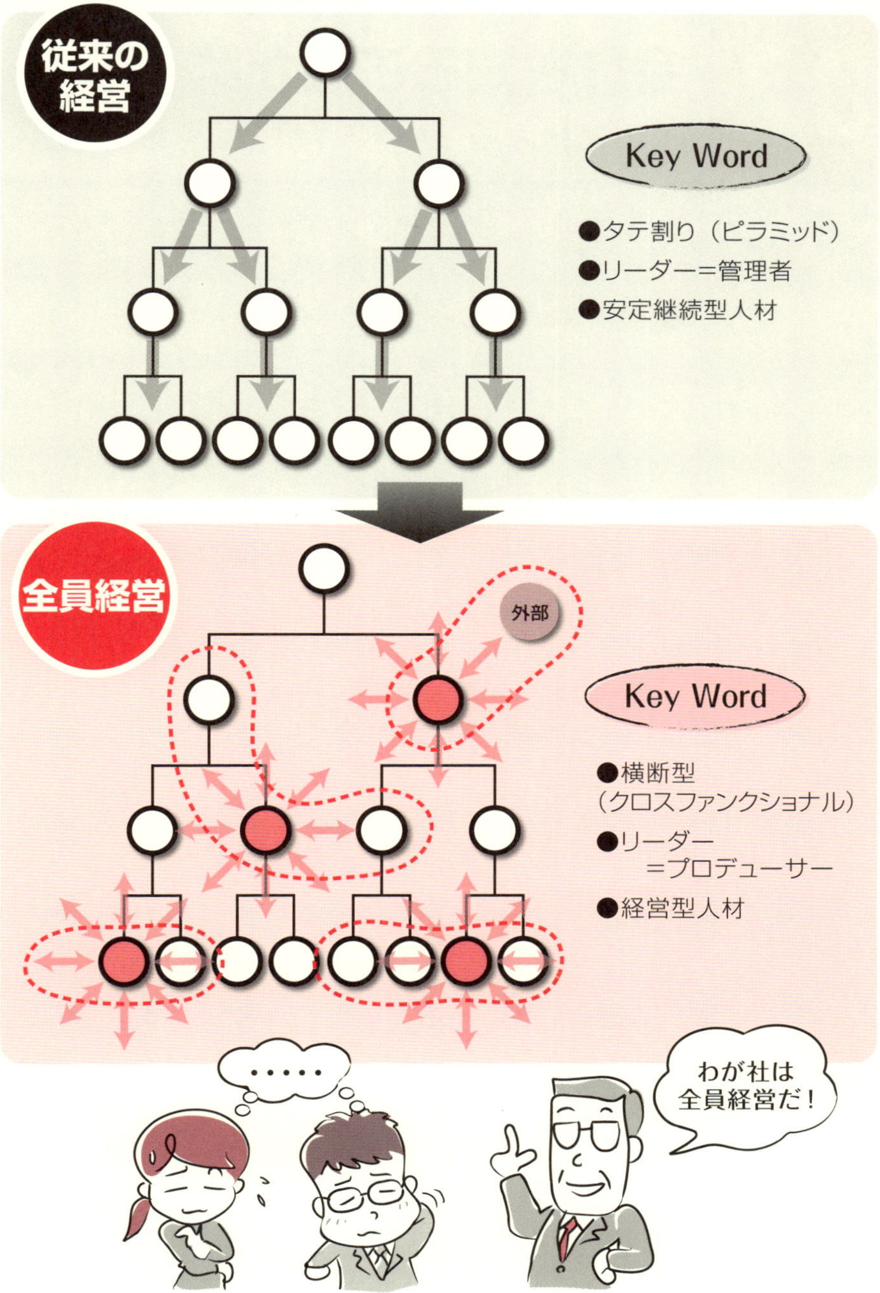

02 会計を知ることが第一歩
——会計は経営を映し出す理論——

全員経営を実現する「経営型」人材には経営知識が必須です。経営にはセオリーがあり、会計を知ることがその第一歩となります。

●経営にはセオリーがある

「経営」とは、簡潔に言うなら資本金という名のお金を出資者から集め、それを回転（変化）させ、そこから新たなお金（利益）を生み出す作業の繰り返しです。

➡**出資者**
法人や団体に財産を提供した人。出資の見返りとして、配当を受ける権利や、議決権などが与えられる

たとえば製造業であれば、回転（変化）させる場として工場が必要です。そこに設備や機械を設置し、それらを操作する人も採用しなければなりません。そして、技術情報や顧客情報、市場情報に基づいて製品を作り、それを販売することで売上という新たなお金を得ます。

「ヒト」「モノ」「カネ」「情報」を回転させて利益を生み出す、それが経営であり、そこにはセオリーがあります。

●会計を知ることが第一歩

「会計は人智の生んだ最も偉大な発明の１つである」。世界的文豪ゲーテの言葉です。一見複雑そうに見える経営を、会計は簡潔に、しかも見事に説明してくれます。会計は、経営の実態をシンプルに映し出す、経営のための理論なのです。

➡**ゲーテ**
Johann Wolfgang von Goethe（ヨハン・ヴォルフガング・フォン・ゲーテ、1749年 - 1832年）ドイツの詩人、劇作家、小説家、哲学者、自然科学者、政治家、法律家

経営を車の運転にたとえるなら、ダッシュボードに並んださまざまな計器類に示される情報が会計データです。それらを読み取ることでドライバーは車の状態を正確に知り、安全迅速に目的地まで運転することができます。経営者も同様で、日々刻々と知らされる会計情報を見て経営の舵取りをするのです。計器の読み方を知らずに安全な運転ができないように、会計を知らずに経営はできません。会計を知ることが経営のセオリーを知る第一歩です。

■ 経営にはセオリーがある

★「ヒト」「モノ」「カネ」「情報」を回転させて利益を生み出す。
それが経営であり、そこにはセオリーがある

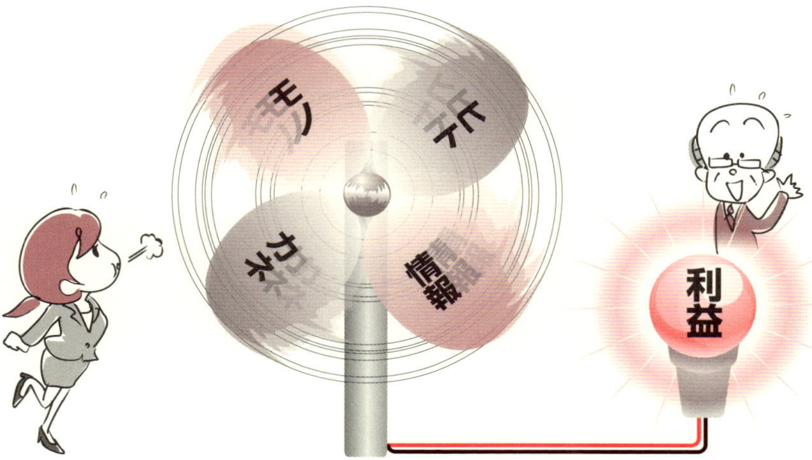

★計器類の読み方を知らなければ、安全に運転できないように、
会計を知らずに経営はできない

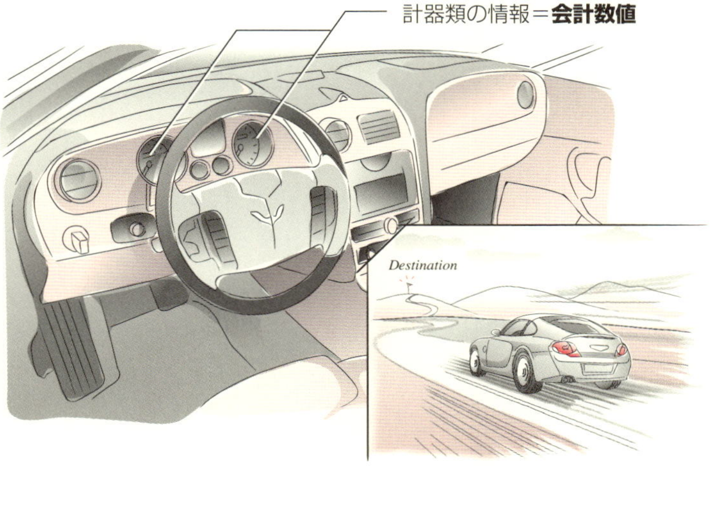

03 会計のおこり

——利益はどう測る——

現在の会計は、15世紀ごろヨーロッパで活躍したベニスの商人が、貿易の精算のために発案した「簿記」がルーツといわれています。

●会計はこうして生まれた

経営のプロセスと成果は、会計という手法で集計整理して財務諸表の形で明らかにします。現在の会計は大航海時代と呼ばれる15世紀ごろ、ヨーロッパで活躍したベニスの商人が発案した簿記がルーツといわれています。それまでの時代では、商売の記録は単純な備忘録程度のものでよかったのかも知れませんが、資本家から一定の元手を集め、航海を通じた貿易で儲けを得る商業が発達するにつれ、お金の出所と使いみち、そして残したお金を正しく計算する方法が必要になってきました。こうして簿記といわれるものが生まれたのです。

➡大航海時代
15世紀中頃から17世紀中頃までの、ヨーロッパ人によるインド・アジア・アメリカ大陸などへの植民地主義的な海外進出が行われた時代をいう

●ベニスの商人の発想

ベニスの商人の発想の特徴は、お金の出所と行き先を、右と左に書き分けて表記したことです。これを1494年にイタリアの数学者ルカ・パチョーリが集大成して、現在の会計理論の基礎が出来上がったといわれています。

➡ルカ・パチョーリ
Luca Pacioli（ルカ・パチョーリ、1445年-1517年）
著書「ズンマ」で複式簿記を紹介し、「会計の父」とも称されている

●株式会社の誕生

17世紀に入ると、熾烈な競争を勝ち抜いた商人たちは総合商社のような巨大会社へと成長していきます。中でも有名なのがオランダ東インド会社であり、これが株式会社の起源といわれています。さらに19世紀に入り、工業の目覚しい発展に伴って原価計算や期間損益の概念が加わった工業簿記が発達し、近代会計の基礎が形成されました。これが今日に続いているのです。

➡工業簿記
商品の売買を扱う商業簿記に対して、材料の仕入から生産・販売に至るまでを扱う簿記を工業簿記と呼ぶ

■ 会計の変遷

昔は…

●備忘録程度

15 世紀～

ベニスの商人の発想

●お金の使いみち

●お金の出し手

●大航海時代
●複式簿記の誕生

19 世紀～

近代工業の発展

●株式会社の登場

●元手の多様化

●産業革命
●工業の発展
●原価計算
●期間損益

04 経営は続く
——期間を区切ることの意味——

企業の会計年度は 1 年を基本としています。なぜ、1 年ごとに区切って集計するのでしょうか。

➡産業革命
18 世紀から 19 世紀にかけての、機械式工業の導入による産業の変革と、それに伴う社会構造の変革をいう

➡リトルトン
A.C.Littleton（リトルトン1886年-1974年）アメリカの会計学者。イリノイ大学で会計学教授として教育に携わった

●会社は一個の永続的活動体

会計にとって大きな転機となったのが産業革命です。製品を継続的に生産して販売する「工業」が飛躍的に発展したこの時期に、経営は単なる取引の集積ではなく、「一個の永続的活動体」（『リトルトン会計発達史』より）ととらえられるようになりました。

永続的に存在すること（ゴーイング・コンサーン）を前提とした株式会社という経営形態が広く定着し、これとともに会計理論も更なる発展を遂げたのです。

●永久資本という考え方

近代的な株式会社の特徴の１つに永久資本という考え方があります。継続することが前提ですから、従来のように一航海ごとにすべてを精算、分配というわけにはいきません。そこで出資金は返還せず、利益だけを分配するしくみが生まれました。これが「永久資本制」と呼ばれるものです。

●期間を区切ることの意味

永久資本制をとるからには、利益を正確に計算し、それを定期的に株主に配分しなくてはなりません。おのずと、ある期間を区切って利益を計算し、公表することが必要となります。このような経緯から、１年単位で経営を評価する現在の形が完成しました。

本来継続しているものを、１年単位に区切るわけですから、そこにはさまざまな細かいルールが必要になります。このことが、会計を一見複雑にしている１つの要因にもなっています。

■経営と会計の相違点

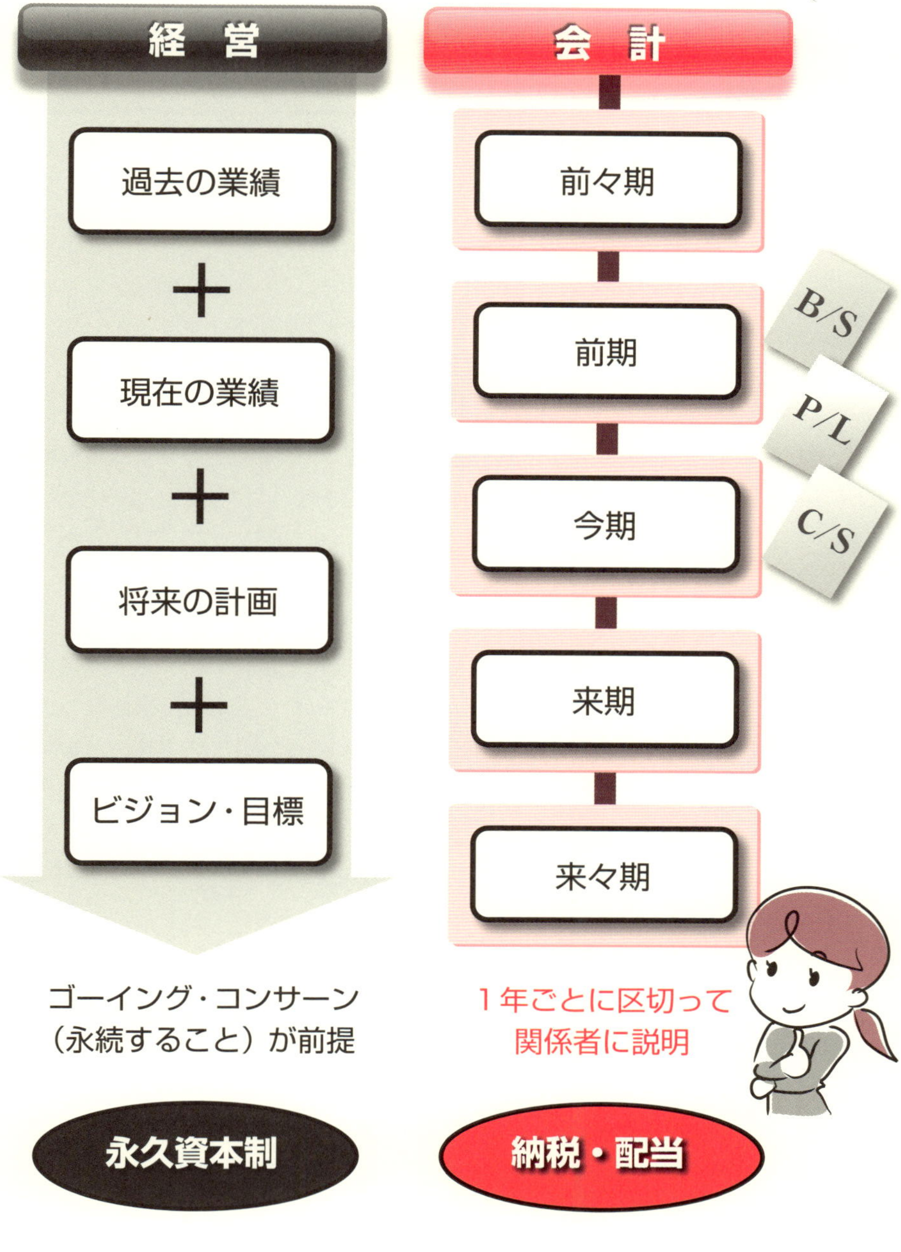
経営
過去の業績
＋
現在の業績
＋
将来の計画
＋
ビジョン・目標
ゴーイング・コンサーン
（永続すること）が前提
永久資本制
会計
前々期
前期
今期
来期
来々期
B/S
P/L
C/S
1年ごとに区切って
関係者に説明
納税・配当

05 決算って何だろう
——利益を測るストックとフローという観点——

たまっているものに着眼するのがストックの考え方、流れ込んできたものと流れ出ていったものに着眼するのがフローの考え方。

●会計をダムで考えてみる

そもそも利益とは何を指すのでしょうか。また、利益はどうやって測るのでしょうか。それを考えてみたいと思います。

ここに大きなダムがあるとします。1年の初め、ダムには100万㎥の水がたまっていました。この1年間で上流の川から毎日少しずつ合計150万㎥の水が流れ込み、同時に発電や下流の水量調整のため年間で合計140万㎥の水を放出しました。さて1年の終わりには、ダムの水量はどれくらいになっているでしょうか？

簡単な計算です。ダムに入ってきた水が150万㎥、出ていった水が140万㎥ですから、差し引き10万㎥の水が増えたことになります。したがって、1年後のダムの水量は110万㎥です。

これを会社の会計に置き換えてみます。水の量を会社の財産（お金）と考えると、1年の初め、会社には100の財産（お金）がありました。1年間で入ってきたお金（売上など）が150、支払ったお金（仕入や経費など）が140ですので、1年が終わってみると財産（お金）は10増えて110になります。

●利益を測るストックとフローというモノサシ

スタートの100、そして1年後の110のように、たまっているものの量を測定するのがストックの観点です。毎年のストックの比較で価値の増減、すなわち利益を知ることができます。

一方、入ってきたお金150と出て行ったお金140の差し引きで、価値の増減を測定しようとするのがフローの観点です。一定期間のフローの差で利益を知ることができます。

➡ストック
在庫や手持ち品。
たまっているもの、蓄えているものを意味する

➡価値
その事物がもっている値打ち。経済学では、ものの価格の背後にあって、それを規定しているものとされる

➡フロー
流れ。流量。
一定期間に発生し流動する経済数量をいう

■ 会計をダムで考えてみよう

ストックでとらえる

110万㎥ − 100万㎥ ＝ 10万㎥

（Stock 2）　（Stock 1）

フローでとらえる

150万㎥ − 140万㎥ ＝ 10万㎥

（Flow In）　（Flow Out）

06 3つの財務諸表
——会社の成績を表す3つの表——

財務諸表には、ストックの考え方で作られた貸借対照表と、フローの考え方で作られた損益計算書およびキャッシュフロー計算書の3つがあります。

➡財務諸表
貸借対照表（B/S）・損益計算書（P/L）・キャッシュフロー計算書（C/S）・株主資本等変動計算書などからなる、企業の経営成績の報告書

➡期間損益
第3章30参照

➡固定資産
第3章40参照

➡在庫
生産や販売をするために保有する材料・仕掛品・製品あるいは商品など。棚卸資産ともいう

➡ C/S
キャッシュフロー計算書については、P/L・B/Sのような略称が定着していないが、本書は便宜的にC/Sと表記した

●財務諸表の中身

ストックの観点で会社の価値を測定し、財政状態として整理したものが「貸借対照表」です。

フローの観点で価値の増減を測定したものは2つあり、1つ目が期間損益という原則に基づき、収益と費用の出入りを集計した「損益計算書」、2つ目がキャッシュの動きをすべて集計した「キャッシュフロー計算書」です。もしも会社が、固定資産や在庫を全く持たず、すべての取引をキャッシュで行っていたとしたら、キャッシュフロー計算書と損益計算書は同じ結果になります。

●貸借対照表（Balance Sheet）

略称B/S：決算日における会社の財政状態を表す。

●損益計算書（Profit and Loss Statement）

略称P/L：その1年間の利益あるいは損失を表す。

●キャッシュフロー計算書（Cash Flow Statement ）

略称C/S：その1年間における現金の動きを表す。

《経営活動と財務諸表の関連》

本書で紹介するAMG（アドバンスト・マネジメントゲーム）研修では、自らの経営活動をもとに、上記の3つの財務諸表を作成します。自分の手でこれらの表を作成してみると、経営活動と財務諸表の関連が手に取るようにわかるのです。

■3つの財務諸表

B/S・P/L・C/Sとは？

B/S：貸借対照表

Balance **S**heet

ある時点の財政状態（期末のStock）

P/L：損益計算書

Profit & **L**oss Statement

一定期間の経営成績（期間中のFlow）

C/S：キャッシュフロー計算書

Cash Flow **S**tatement

一定期間の資金の流れ（期間中のFlow）

07 使えなければ会計ではない

――行動会計というコンセプト――

ビジネスにたずさわる限り、会計と無関係でいることはできません。会計を仕事の道具として使いこなすことが求められます。

●会計アレルギーはなぜ起きる

一般に、会計といえば財務会計のことを指します。財務会計は法律に定められたルール、手順に従って作成されることから、制度会計とも呼ばれます。さらに財務会計を応用して、企業内部での経営管理や経営改善のために独自に考案されるものが管理会計です。管理会計は個々の会社が、自らの目的に応じて自由に考案しますので、内容はさまざまです。問題は、これらの会計がいずれも会計専門家によって作られる専門家のための理論であり、一般のビジネスパーソンには情報過多でわかりにくいことです。

一人ひとりのビジネス活動は、必ず何らかの形で財務諸表に影響を及ぼすにもかかわらず、制度会計や管理会計ではそのつながりが当の本人にわかりにくく、そのことが会計無関心社員や、会計アレルギー社員を生み出す原因にもなっているのです。

➡制度会計
法律の規制に基づいて行われる会計。「会社法会計」「金融商品取引法会計」「税務会計」に分けられる

●「行動会計」で会計を修得

ビジネスにたずさわる限り、会計と無関係でいることはできません。ましてや、経営型人材にとって会計は必須の道具であり、しかも高いレベルで使いこなすことが求められます。

「使えなければ会計ではない」。これが本書のベースとなっている「行動会計」のコンセプトです。それを具体化したAMG（アドバンスト・マネジメントゲーム）研修では、ゲームで「戦略会計」を体得し、シミュレーションで「財務会計」「管理会計」の会計脳をトレーニング、この一連のサイクルを繰り返すことで使う力を育てます。

➡戦略会計
略称STRAC：Strategic Accounting

➡シミュレーション
戦争やビジネス、人生などを素材にして、実際に近い状況を模擬的に作り出すことをいう

行動会計のコンセプト

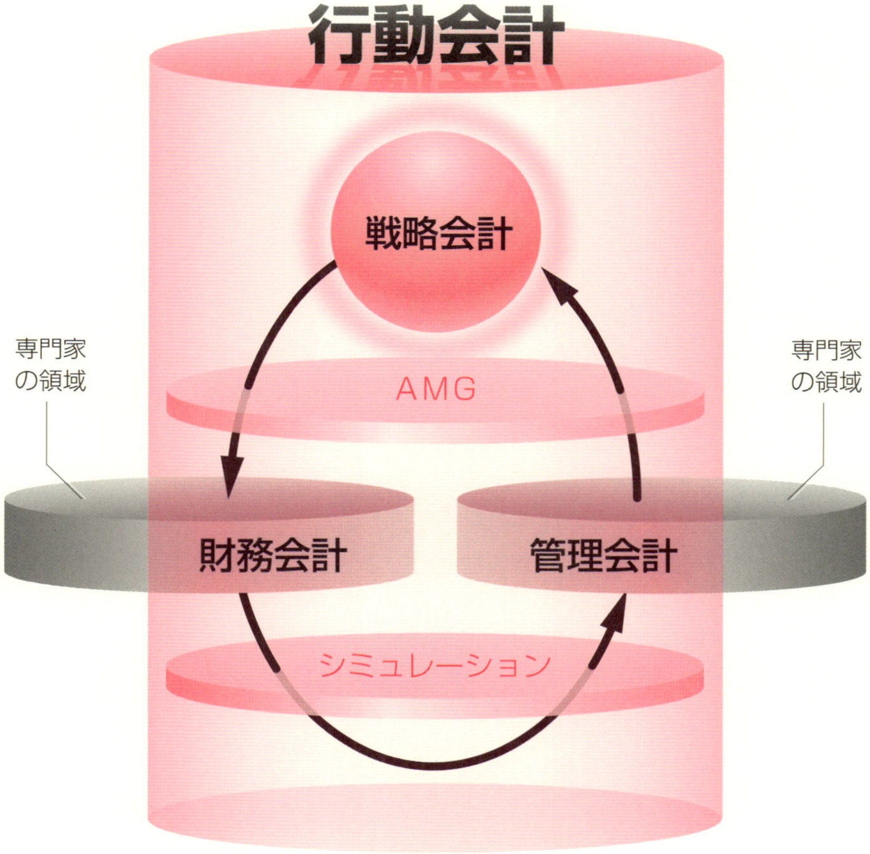

財務会計：法律に則って行われる会計
管理会計：管理目的で独自に考案する会計
戦略会計：経営戦略を考えるための会計
行動会計：行動することを目指した会計体系

COLUMN

MGコラム 1

◆経営を体験してみよう

MGをはじめましょう

❖MG研修のようす

MG 研修会場は、さながらカジノのような雰囲気です。広い会場にはテーブルを組み合わせたたくさんの「島」があり、それぞれ５～６人の参加者が着席しています。島の中央には「マーケット盤」と呼ばれる丸い回転盤が置かれ、その上にトランプのようなカードや、さまざまな形をしたカラフルなチップ（駒）がのっています。

❖今日から社長

マネジメントゲーム MG は、いわゆるビジネスゲームの１つです。ビジネスゲームの多くが、数人のグループで１つの会社を経営するのに対し、MG は参加者一人ひとりが社長になって仮想の会社を経営します。それぞれがライバル会社の社長として、経営を競い合うのです。

３種類の製品を製造販売するメーカーが、ゲームの舞台です。会社は製品の斬新な魅力に助けられ、順調なスタートを切るのですが、その後、競合他社の参入が相次ぎます。第４期を終えた現在、業績は混迷状態です。この難局を打開すべく、本日、創業社長からあなたにバトンが渡されました。２代目社長のあなたには、中興の祖としての大きな期待がかかっています。このような設定でゲームはスタートします。

《マネジメントゲームMGについて》

マネジメントゲーム MG シリーズには、経営の基本を学ぶ「MG」（マネジメントゲーム）、数字に強い経営型リーダーを育てる「AMG」（アドバンスト・マネジメントゲーム）、新人向けの「BMG」（ベーシック・マネジメントゲーム）があります。本書では、シリーズの最新版「AMG]」をベースに解説していきます。

第2章

はじめに戦略会計ありき

08 収益と費用を見る眼

——採算が合うとは——

そもそも「採算が合う」とか「採算がとれる」とは、どのような状態のことをいうのでしょうか。

この章では、初めての経営AMG（アドバンスト・マネジメントゲーム）第5期が終了したところ、という設定で解説を進めます。残念ながら多くの会社がいまだ踊り場から脱しきれず、業績は低迷しています。どうすれば儲けることができるのでしょうか。

➡**踊り場**
経営学では、景気が上昇する中で勢いが鈍り、横ばい状態にあることをいう

それでは、AMGのゲームを振り返りながら、「儲け」が生まれるメカニズムを「戦略会計」というコンセプトで明らかにしていきましょう。

●「採算が合う」とは

➡**採算**
商売やビジネスにおける、収支のつりあいをいう

よく「採算が合う」とか「採算がとれる」という言い方をします。そもそも「採算が合う」とは、どのような状態でしょうか。

一般には次のような状態を「採算が合う」といいます。

収益 ＞ 費用

逆に、次のような状態は「採算が合わない」といいます。

収益 ＜ 費用

●どうすれば「採算が合う」経営ができるのか

「採算が合う」経営をするためには、収益（入ってくるもの）が、費用（出ていくもの）を上回る必要があります。しかし、それではあまりにもどんぶり勘定で、どうしたら「採算が合う」経営ができるのかまではわかりません。

その答えを見つけるためには、右辺の費用について、もう少し踏み込んで考えてみる必要がありそうです。

そこで、費用の中身をさらに詳しく見ていくことにします。

■儲かる、採算がとれるとは?

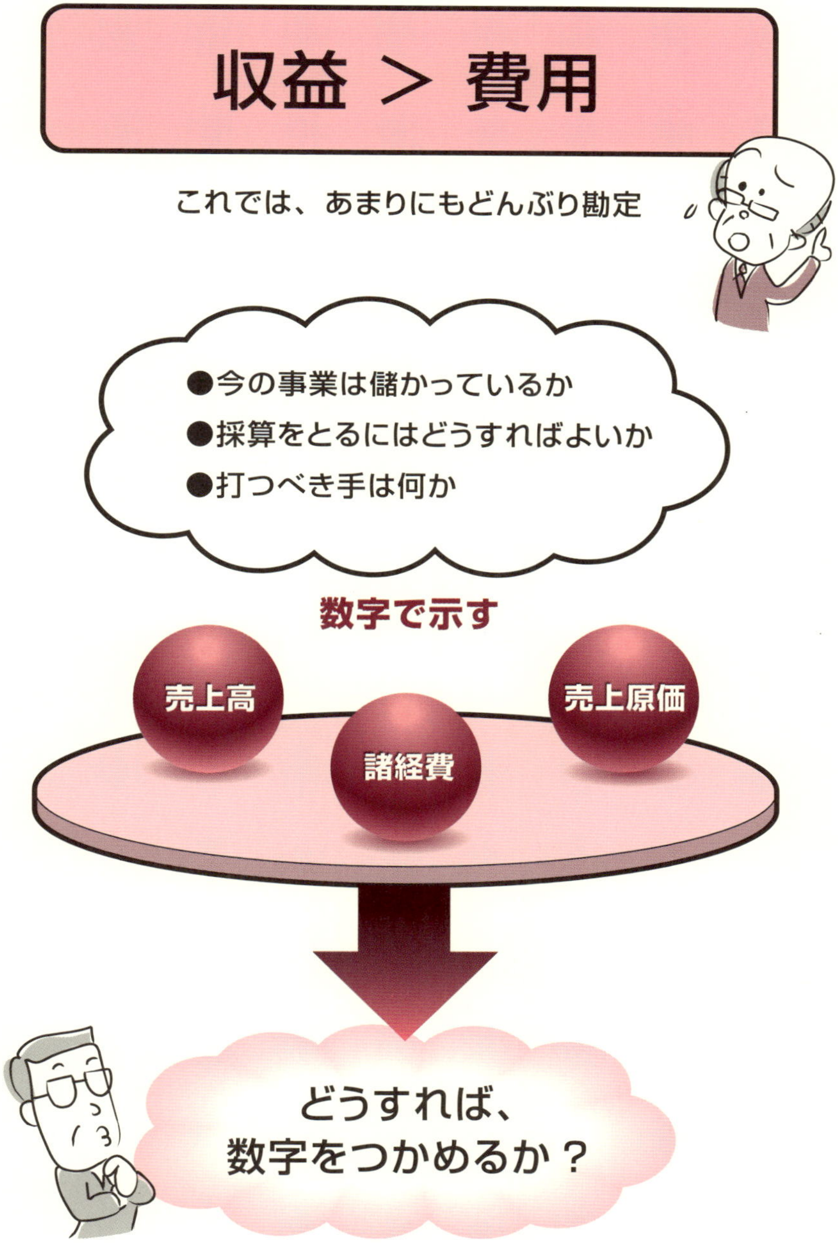
収益 > 費用
これでは、あまりにもどんぶり勘定
●今の事業は儲かっているか
●採算をとるにはどうすればよいか
●打つべき手は何か
数字で示す
売上高
諸経費
売上原価
どうすれば、
数字をつかめるか?

09 費用は2つに分けられる
——変動費とは、固定費とは——

現場では、さまざまな費用が発生していますが、これらを分類すると、2種類に分けられます。

●売上高や生産量に比例して発生する費用

会社の中で発生する費用を調べてみると、大きく2つのグループに分類できることに気がつきます。

1つ目は、売上高や生産量に比例して増減するグループです。AMGで考えてみると、材料費と、投入・完成費がこれにあたります。これらは生産数量や売上高が多いときは多くなり、少ないときはそれに比例して少なくなります。このように、売上高や生産量に比例して発生する費用を「変動費」と呼びます。

➡投入・完成
AMGでは、材料を加工して仕掛品にする工程を「投入」、仕掛品を完成品にする工程を「完成」と呼んでいる

●売上高や生産量に関係なく発生する費用

もう1つは、売上高や生産量に関係なく固定的に発生するグループです。社員の給料や設備の減価償却費、その他もろもろの経費などがこれにあたります。これらは、売上高が上がろうと下がろうと、それには関係なく一定の金額がかかります。このような性質の費用を「固定費」と呼んでいます。

➡減価償却費
第3章34参照

●費用は2つに分けられる

経営の現場では、性格の異なるさまざまな費用が発生しているため複雑に見えるのですが、これらを数学的性質で分類すると、このように変動費と固定費の2種類に分けられるということがわかります。

費用を変動費と固定費の2つに分けることを、固変分解といったりしますが、この2つの費用を「見分ける眼」を持つことが、戦略会計の出発点です。

➡固変分解
固定費と変動費を分けることを固変分解という。勘定科目で明確に分けてしまうのが勘定科目法。他に、売上高と総費用の実績から数学的に関係を割り出す回帰分析などの方法もある

■ 費用は2つしかない

費用を見分ける眼

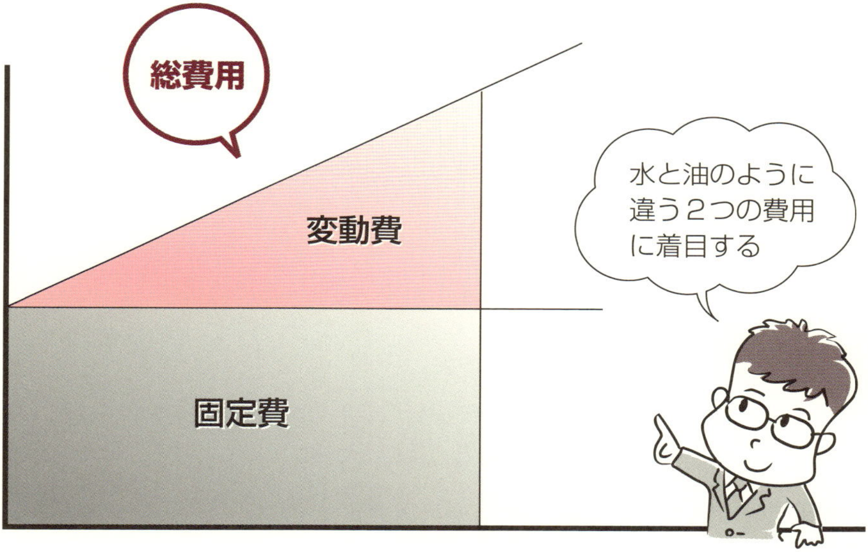
総費用
変動費
固定費
水と油のように
違う２つの費用
に着目する

変動費

売上高や生産量に比例して
発生する費用

- 材料費
- 外注費

など

固定費

売上があろうとなかろうと
発生する費用

- 給料
- 地代・家費
- 本社経費

など

10 原価と変動費の微妙な関係

——変動費だけを原価とする直接原価計算——

費用を変動費と固定費に明確に分け、変動費といえるものだけを原価ととらえて計算する方法を「直接原価計算」と呼んでいます。

●売上原価の中身

小売や卸売のような流通業の場合は、変動費イコール売上原価となります。一方、製造業の場合は売上原価の中身が少し違ってきます。

●製造業の売上原価

製造業の売上原価は、材料費・労務費・製造経費の3つの費目で構成されます。これらは製造原価と呼ばれ、さらに期首と期末の在庫の差が加減されて売上原価が計算されます。

よく見ると、売上原価の中に変動費と固定費が混ざりあっていることに気がつきます。3つのうち、労務費と製造経費の合計を製造固定費と呼ぶのはそのためです。いずれにしても、この3つは製造に深くかかわる費用なので原価と認識しているわけです。

このような考え方で原価を計算する方法を「全部原価計算」といいます。一方、費用を変動費と固定費に明確に分け、変動費といえるものだけを原価ととらえて計算する方法を「直接原価計算」と呼んでいます。

➡**労務費**
生産部門にたずさわる従業員の人件費を労務費という

➡**製造経費**
活動するためにかかる費用を広く「経費」といい、製造原価のうち、材料費、労務費以外の費用を総称して製造経費と呼んでいる

●直接原価で考えてみよう

制度会計では、製造業は全部原価計算が義務付けられていますので、一般にはこちらのほうがなじみがあるのですが、戦略的に会計を活用しようとしたときには、直接原価計算のほうに、より多くのメリットがあります。これからしばらくは、直接原価計算を基本に説明を続けていきます。

■ 原価と変動費の微妙な関係

売上原価の中身

2つの原価計算

直接原価計算	全部原価計算
Direct Costing	Full Costing
固定費と変動費を明確に区分して、変動費のみを原価とする方法	変動費に加え、製造固定費（労務費、製造経費）も原価ととらえて、原価を計算する方法

11 固定費をつかむ

——変動費以外はみな固定費——

固定費と変動費の区分については、管理の観点によりいろいろな見解が生じます。自社の基準を明確にすることが肝要です。

●固定費のつかみ方

売上高や生産高にかかわりなく固定的に発生する費用が固定費だと述べましたが、では、具体的に固定費をつかむにはどうすればよいのでしょうか。

答えは簡単です。費用は2つしかないのですから、変動費以外はみな固定費です。つまり、総費用から変動費を引けば、残りが固定費ということになります。

●固定費と変動費の区分は実態によって異なる

固定費と変動費の区分は、実際にはそれぞれの会社の実態や考え方により、決められることになります。

例えば従業員の給料などは典型的な固定費といえますが、残業代はどうでしょうか。残業代は、操業度合いに比例して発生すると考えると変動費ともいえます。また、正規社員の人件費は固定費、パートタイマーの人件費は変動費とする会社もあります。工場の動力光熱費などについても、どこまでを固定費とするかは考え方次第です。

このように、現実には管理の観点によりいろいろな見解が生じますが、要は自社の基準を明確にすればよいということです。

一般には、以下のものが固定費と考えられます。

労務費 製造経費 販売費および一般管理費 営業外費用

■固定費をつかむ

固定費の具体的な内容

勘定科目		具体的な内容
労務費		どこまでを固定費とするかは 会社の考え方による
製造経費	設備経費	賃借料、減価償却費、リース代、保険、租税
製造経費	工場管理費	工場の事務費
製造経費	製造間接費	安全・保全費、試験費、食堂運営費
販売費および一般管理費		本社費、営業所費、研究費
営業外費用		支払利息

第2章……①儲けのフレームワーク

12 経営は固定費回収作戦

——売上ゼロのとき、まるまる赤字になるものは？——

会社が存在する限り一定の固定費は必要です。それを限界利益で回収したとき、初めて利益のスタート地点に立つことができます。

●利益とは

➡限界利益
第2章15参照

➡アラ（荒）利
小売業でよく使われている用語。小売業ではテナント収入やリベートなども加えて売上総利益とするところが多い

売上高から変動費を引いたものを限界利益といいます。アラ利、付加価値、粗利益などいろいろな言い方がありますが、これらは本質的には限界利益と同じものといって差し支えありません。

そして限界利益から固定費を引いたものが、いわゆる利益です。固定費の中に営業外収支を含むかどうかで、この利益は営業利益と呼ばれたり、経常利益と呼ばれたりすることになります（これらの利益については第3章で学習します）。

●売上高ゼロのとき、まるまる赤字になるものは？

ここでちょっと考えてみてください。もしあなたの会社の第5期の売上高がゼロであった場合、赤字はいくらになるでしょう。

そうです。ちょうど固定費分だけ赤字になります。つまり固定費は「売上がゼロのとき、まるまる赤字になる」金額なのです。

●経営は固定費回収作戦

売上高がゼロのとき、固定費がまるまる赤字だとすれば、経営活動というのは、売上から得た限界利益で固定費を回収する作業だということがわかります。そして、固定費を上回る限界利益を獲得できたとき、その上回った部分が利益として手元に残るということもわかります。

会社が存在する限り、一定の固定費は必要です。それを限界利益で回収したとき、初めて利益のスタート地点に立つことができます。固定費は赤字にならないための最低目標値なのです。

■ 赤字にならないための最低目標値とは

売上ゼロのとき、まるまる赤字になるものは？

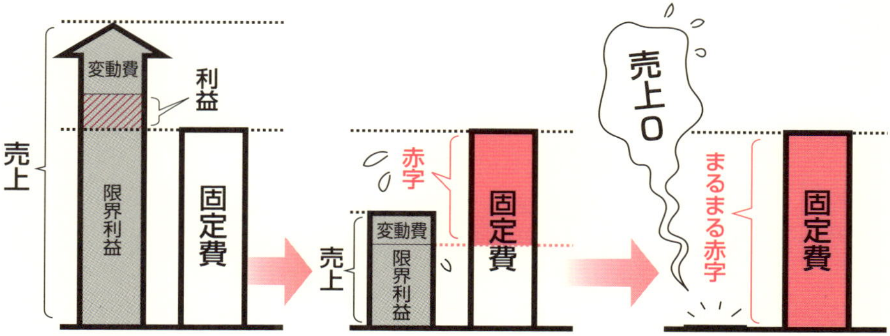

- 固定費は赤字のもと
- 回収しきれなかった分が赤字となる

固定費をつかむことは、経営上非常に大切

13 簡単な図と文字で考える
――戦略会計の7つの要素――

戦略会計では、簡単な図と７つの文字だけで経営を説明します。しくみ（体系）を理解するには、図に描くのが一番の近道です。

●図で考えることのメリット

経営あるいはビジネスといった一連の大きなしくみ（体系）を理解するには、図に描くのが一番の近道です。図は要素と要素の関連や、それらがかかわりあって変化していくさまをわかりやすく表してくれるからです。

➡体系
各部分が相互に関連し合いながら、全体としてまとまった目的や機能を果たすような、全体の枠組みをいう

●戦略会計の７つの要素

図に付記する文字や記号は、できるだけ簡素で、しかも実態を連想させるようなものにするのがポイントです。専門用語はそれだけで意味が通じるといった利便性はありますが、あくまでその領域に長けた人にしか理解できないという難点があります。

戦略会計では、次の7つの文字しか使いません（会計数字に表れるのは上から6つ目までですから、実際にはたった6つの文字で経営を説明できることになります)。会計の初心者にとっては魔法の７文字です。

➡専門用語
ある特定の学問、分野、業界の中でのみ使われ通用する言葉や用語のこと。一見単純な言葉の中に、専門的な概念が含まれていることが多く、関係者には通じやすい

P	単価（Price）
Q	数量（Quantity）
F	固定費（Fixed Cost）
G	利益（Gain）
v	変動費率（variable ratio）
m	限界利益率(marginal ratio)
H	時間(Hour)

それでは、これらの文字を使って、AMGの経営を図解してみましょう。

■ 簡単な図と文字で考える

戦略会計の7つの要素

P	－Price	単価
Q	－Quantity	数量
F	－Fixed Cost	固定費
G	－Gain	利益
V	－variable ratio	変動費率
m	－marginal ratio	限界利益率
H	－Hour	時間

14 1個売ると儲けはいくら？

——限界利益が固定費を回収する原資となる——

ここでは、ミドルプライス製品を例にとり、1個あたりの、単価、変動費、限界利益の関係を図と文字で表してみます。

●製品を1個売ると儲けはいくら？

AMG（アドバンスト・マネジメントゲーム）で製造販売する製品を例にとって、利益が生まれるプロセスを図解してみましょう（3製品のうち最も中庸なミドルプライス製品で考えます）。

単価（1個あたりの平均売価）を左側のハコで表し、金額を仮に30とします。単価は文字では「P」です。

ミドルプライス製品の変動費は材料費の10と、投入費2、完成費2の合計14ですから、右側にそれに応じた大きさのハコを書きます。変動費は「7つの要素」の組み合わせで考えると、単価（P）×変動費率（v）で表現できますから「vP」とします。ちなみにこのときvは、14÷30ですから47％となります。

残ったスペースが限界利益です。1個あたりの限界利益は、30－14で16。限界利益は、単価（P）×限界利益率（m）で表現できますから「mP」。このときのmは、16÷30で53％です。

これで、ミドルプライス製品を1個売ったときの、単価と変動費と限界利益の関係が図示できました。

● mPが固定費を回収する原資となる

製品を1個売ったときの限界利益（mP）が、会社全体の固定費を回収する原資となります。限界利益が固定費を回収するという意識をしっかり持つことで、変動費のコストダウンの重要性や、安易な値引きの利益へのマイナス影響などの理解が一層深まり、コスト意識、収益マインドの向上につながっていくのです。

➡3製品
AMGでは、ハイプライス製品、ミドルプライス製品、ロープライス製品の3種類を取り扱う。ミドルプライス製品は手頃な価格で利益率もまずまずという製品。取り扱うためには、市場開拓の先行投資が必要

➡平均売価
AMGでは、競争により販売価格が常に変動するので、分析の際は販売価格の平均値を使う

➡計算で端数が出たとき
本書では、数量の計算で、端数が出たときは、小数点第1位を四捨五入した

■ 1個あたりのP、vP、mPを図で表わす

［1個あたり］

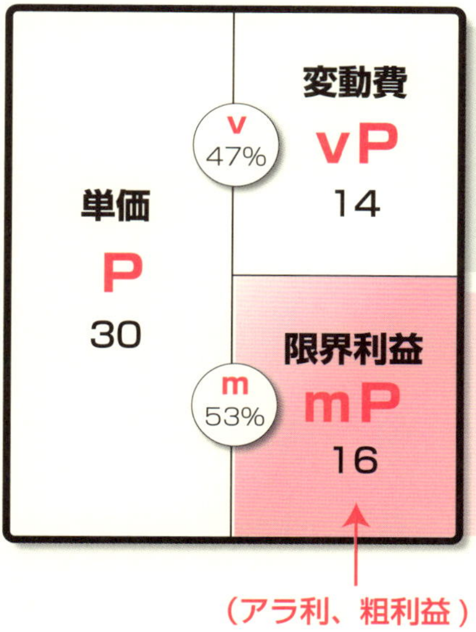

変動費 ＝ 単価 × 変動費率

vP	P	v
14	30	47%

限界利益 ＝ 単価 × 限界利益率

mP	P	m
16	30	53%

戦略会計の７つの要素

P －Price	単価
Q －Quantity	数量
F －Fixed Cost	固定費
G －Gain	利益
V －variable ratio	変動費率
m －marginal ratio	限界利益率
H －Hour	時間

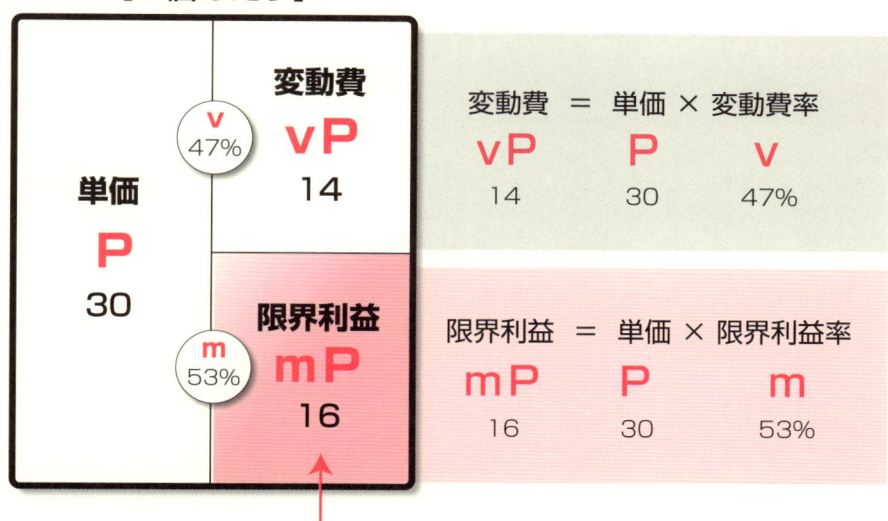

15 何個売れば黒字になるのか

——固定費総額に達するには——

限界利益の合計が固定費に達したときに赤字が解消し、さらにこれを上回れば、上回った部分が利益として手元に残ることになります。

●固定費を全部回収するには

先ほどの例で考えると、ミドルプライス製品を1個売れば固定費を16回収できるわけですから、仮に年間の固定費総額が800だとすると、50個売れば固定費を全額回収できることがわかります。これがいわゆるトントンの状態です。

AMGでは、単価の異なる3種類の製品を扱いますから、これらの組み合わせ方次第で、各製品の必要売上個数は変化します。いずれにしても、3製品の限界利益の合計が固定費に達したとき、赤字が解消するのです。

さらに売上をのばし、限界利益を上積みすることができれば、固定費を上回った部分がそのまま利益として手元に残ることになります。

➡ **トントン**
2つのものがほとんど同じで差がない状態。ビジネスにおいては、損得のない状態をいう

➡ **3製品の組み合わせ**
プロダクトミックスという。利益を最大化するために、売り手側の製品の組み合わせや構成割合を戦略的に考えること

●図で考えることのメリット

ゲームで経営を体験し、そのプロセスをこのような図で整理してみると、売上高と変動費、固定費、そして利益の関係が一目でわかるばかりか、売上高の増加とともに限界利益が増加し、それが固定費を回収していくさまが、頭の中に動画としても描けるようになるのです。

《限界利益》

限界利益とは、「販売量を1単位増加させたときに、これだけ利益が増える」という管理会計の用語です。ギリギリとかリミットという意味ではないので、ピンとこないかもしれませんね。

■いくつ売れば黒字になる？

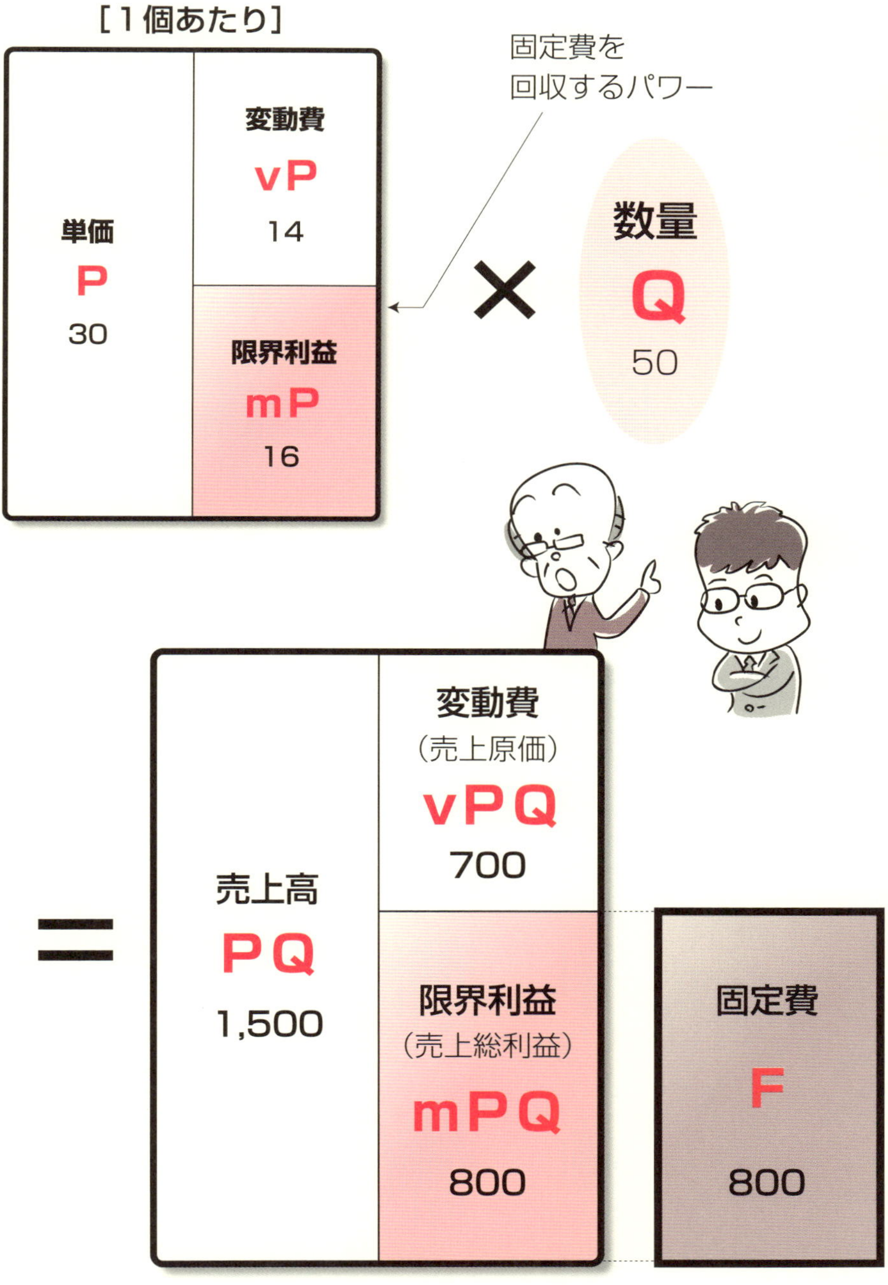

16 利益が生まれるメカニズム
――黒字、赤字を見える化する――

ビジネスを図に表し、限界利益と固定費を対比させることで、黒字の状態、赤字の状態を見える化することができます。

●利益が生まれるメカニズムを図解する

これまでの情報をもとに、AMGビジネスの全体図をさまざまなケースに分けて整理してみましょう。

●トントンの場合

前頁のケースのように、製品の単価（P）を30とすると、1個当たりの限界利益（mP）は16、数量（Q）が50個になったときの限界利益総額（mPQ）は800となり、固定費（F）の額に達します。つまり固定費が全額回収され、この時点で利益はゼロとなります。

この状態を一般に「損益分岐点」と呼んでいるのです。

●黒字の場合

同じ条件のもとで、60個販売した場合はどうなるでしょうか。1個当たりのmPは同じですが、Qが60になるので、mPQは960となります。Fの800は変わりませんから、mPQとFの差額分160が利益（G）となるのです。黒字のフレームワークのできあがりです。

●赤字の場合

40個しか販売できなかった場合はどうでしょう。1個当たりの限界利益（mP）は同じですが、数量（Q）が40になるので、限界利益総額（mPQ）は640です。FのうちmPQでカバーできない部分、右の図でいえばFがとび出している部分160が、赤字を表します。

このように黒字、赤字を見える化することができるのです。

➡黒字、赤字の語源
簿記で、収入が支出よりも多いときは黒インクで、逆のときは赤インクで書いたことから、欠損を赤字というようになったといわれている

➡フレームワーク
ビジネスでは、経営戦略や問題解決などの手法や思考の枠組みを、体系的にまとめたものをいう

➡見える化
企業活動の漠然とした部分を、図表や数字などで目に見えるようにする取り組みをいう

■ 利益が生まれるメカニズム

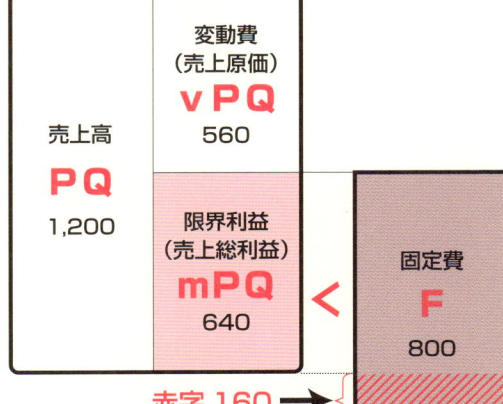

［1 個あたり］

単価 P 30 ／ 変動費 vP 14 ／ 限界利益 mP 16 × 数量 Q 50 ＝

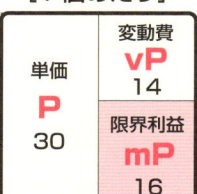

売上高 PQ 1,500 ／ 変動費（売上原価）vPQ 700 ／ 限界利益（売上総利益）mPQ 800 ＝ 固定費 F 800

利益 0 のとき

（数量 Q50）

mPQ＝F

黒字の場合

（数量 Q60）

mPQ＞F

売上高 PQ 1,800 ／ 変動費（売上原価）vPQ 840 ／ 限界利益（売上総利益）mPQ 960 ＞ 固定費 F 800 ／ 利益 G 160

赤字の場合

（数量 Q40）

mPQ＜F

売上高 PQ 1,200 ／ 変動費（売上原価）vPQ 560 ／ 限界利益（売上総利益）mPQ 640 ＜ 固定費 F 800

赤字 160 →

第2章……② 損益分岐点を使う

17 STRAC損益分岐点の発見

―― 公式は mPQ = F ――

戦略会計では、限界利益と固定費が均衡するポイントを損益分岐点ととらえます。一般の損益分岐点との違いも理解しておきましょう。

● STRACによる損益分岐点

これまでの解説でおわかりのとおり、戦略会計（STRAC）による損益分岐点は、mPQ = Fという形で公式化できます。一般の会計の教科書では、損益分岐点（BEP：Break Even Point）を、「これだけ売らなければ赤字になる売上高」として教えているのですが、会社の利益は売上の増加だけで得られるわけではありません。STRACによる損益分岐点公式 mPQ = Fでとらえると、他の要素も大きな役割を果たしていることがわかります。

➡損益分岐点
管理会計上の概念の1つ。損失が出るか、利益が出るかの分かれ目となる売上高という意味

➡STRAC
第1章07参照

●一般の損益分岐点との違い

一般的な損益分岐点は、右下図のように固定費線の上に変動費線を乗せ、この合計値を売上高線が追いかけていく形で作図されます。そして売上高線が総費用線に追いついたところが損益分岐点、それを越えると赤色の部分が利益として図示されます。公式では次のような形になります

$$S_0 = \frac{F}{1 - \frac{V}{S}}$$

角度の異なる3つの直線の組み合わせで説明するため、公式もやや複雑になり難解です。一方、STRACによる損益分岐点は、一定の固定費を限界利益が追いかけていくだけで、追いついたところが損益分岐点、追い越すとその差が利益ですので、大変わかりやすく使いやすいのです。

➡V（Variable cost）
変動費

➡S（Sales）
売上高

➡S_0
利益ゼロの時の売上高

■ STRAC損益分岐点の発見

STRAC 損益分岐点

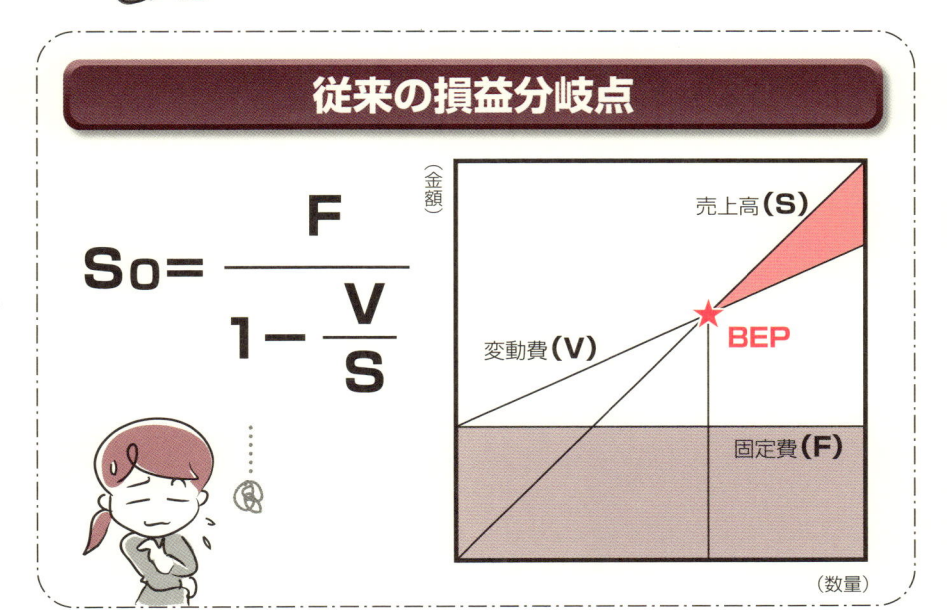

$$mPQ = F$$

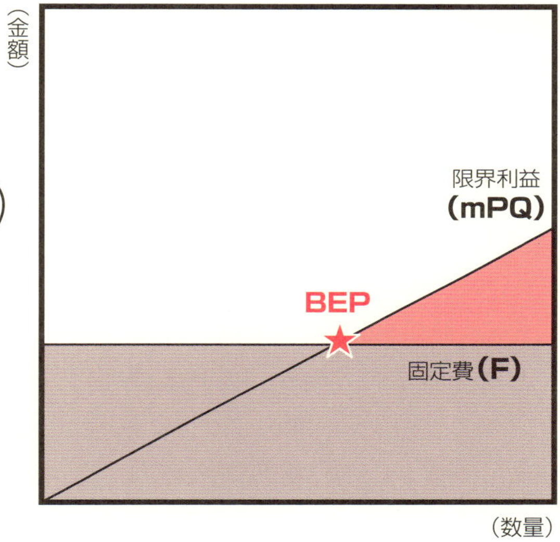

従来の損益分岐点

$$S_o = \frac{F}{1-\frac{V}{S}}$$

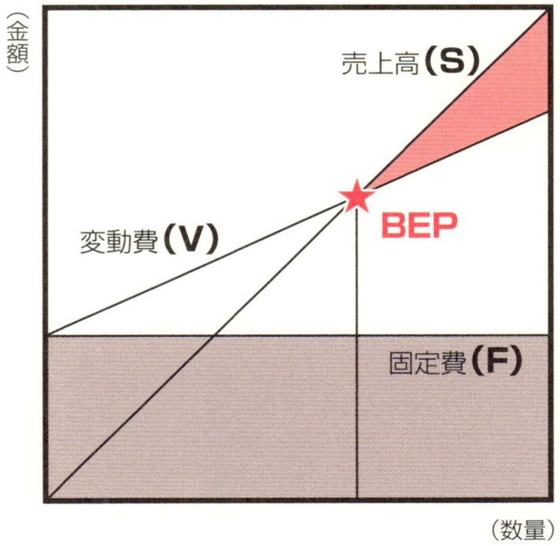

18 STRAC損益分岐点の活用 その①

——損益分岐点売上高を計算する——

STRACによる損益分岐点公式mPQ＝Fを使って、損益分岐点売上高を計算してみよう。

公式mPQ＝Fを使って、次の問題を解いてみましょう。

●【問題】損益分岐点（BEP）の売上高（PQ）を求めよ

① 現在の売上高（PQ）	1,200
② 変動費（vPQ）	480
③ 固定費（F）	900

●【答え】

・ステップ　1

BEPの公式　mPQ＝Fを変形して、売上高を求める式をつくります。

$$PQ=\frac{F}{m}$$

・ステップ　2

限界利益（mPQ）を計算し、限界利益率（m）を求めます。

売上高（PQ）1,200－変動費（vPQ）480＝限界利益（mPQ）720

限界利益（mPQ）720÷売上高（PQ）1,200＝限界利益率（m）60％

・ステップ　3

損益分岐点売上高（PQ）を求めます。

固定費（F）900÷限界利益率（m）60％＝1,500

・答え

BEPの売上高（PQ）は、1,500。

■ STRAC損益分岐点を活用する

【問題1】

BEPの売上高（PQ）を求めよ

① 現在の売上高（PQ）……1,200
② 変動費（vPQ）……480
③ 固定費（F）……900

$$mPQ = F$$

↓ 式を変形すると

$$PQ = \frac{F}{m}$$

↓ m＝（1,200−480）÷1,200＝60%

●損益分岐点売上高

（答え）

$$PQ = \frac{F\ (900)}{m\ (60\%)} = \underline{1,500}$$

19 STRAC損益分岐点の活用 その②

——損益分岐点の売上数量を計算する——

STRACによる損益分岐点公式mPQ＝Fを使って、損益分岐点売上数量を計算してみよう。

同じように公式mPQ＝Fを使って、数量を求めてみましょう。

➡数量の重要性
売上高をPとQの積でとらえることで、損益分岐点のQを容易に求めることができる。数量Qは営業活動の明確な目標となる点でも重要である

●【問題】損益分岐点（BEP）の売上数量（Q）を求めよ

①単価（P）　32
②1個の変動費（vP）　14
③固定費（F）　900

●【答え】

・ステップ　1

BEPの公式　mPQ＝Fを変形して、数量を求める式をつくります。

$$Q = \frac{F}{mP}$$

・ステップ　2

1個あたりの限界利益（mP）を求めます。
単価（P）32－変動費（vP）14
＝1個あたり限界利益（mP）18

・ステップ　3

損益分岐点売上数量（Q）を求めます。
固定費（F）900÷1個あたり限界利益（mP）18＝50

・答え

BEPの売上数量（Q）は、50。

■ STRAC損益分岐点を活用する

【問題 2】

BEPの売上数量（Q）を求めよ

① 製品の単価（P）……………… 32
② 1個の変動費（vP）……………… 14
③ 固定費（F）……………… 900

$$mPQ = F$$

式を変形すると

$$Q = \frac{F}{mP}$$

$mP = 32 - 14 = 18$

●損益分岐点売上数量

（答え）

$$Q = \frac{F\ (900)}{mP\ (18)} = \textbf{50個}$$

20 STRAC損益分岐点の活用 その③

——目標利益を達成するための売上高を計算する——

損益分岐点公式 mPQ＝F を使って、目標利益を達成するための売上高を計算してみよう。

今度は、目標利益を達成するためにはどれだけ売らなければならないか、を考えてみましょう。

●【問題】目標利益（G）を達成するために必要な売上高（PQ）を求めよ

① 単価（P）	40
② 1個の変動費（vP）	14
③ 固定費（F）	900
④ 目標利益（G）	400

●【答え】

・ステップ　1

BEPの公式　mPQ＝Fを応用して、利益（G）を得るために必要な売上高を求める式をつくります。

$$PQ = \frac{F + G}{m}$$

・ステップ　2

限界利益率（m）を求めます。

［単価（P）40－変動費（vP）14］÷単価（P）40

＝限界利益率（m）65%

・ステップ　3

必要な売上高（PQ）を求めます。

［固定費（F）900＋目標利益（G）400］÷限界利益率（m）65%

＝2,000

➡**必要数量を知るには**

F＋GをmPで割れば、必要な数量Qが求められる

■ STRAC損益分岐点を活用する

【問題3】

目標利益（G）を達成するために必要な売上高（PQ）を求めよ

① 製品の単価（P）………… 40
② 1個の変動費（vP）………… 14
③ 固定費（F）………… 900
④ 目標利益（G） 400

$$mPQ = F + G$$

↓ 式を変形すると

$$PQ = \frac{F + G}{m}$$

↓ $m = (40 - 14) \div 40 = 65\%$

●必要売上高

$$PQ = \frac{F\,(900) + G\,(400)}{m\,(65\%)} = 2{,}000$$

（答え）

21 STRAC損益分岐点の活用 その④

——損益分岐点比率——

損益分岐点比率は、実際の売上高に対して損益分岐点売上高がどの位置にあるかを示す比率です。いろいろな使い方があります。

●損益分岐点比率とは

損益分岐点比率は、損益分岐点売上高を実際の売上高で割り算して求めますが、STRAC損益分岐点公式を使えば、次のような簡単な式で求めることができます。

$$\frac{F}{mPQ}$$

赤字の場合は100%超となり、黒字の場合は100%未満となります（利益ゼロのときは100%です）。赤字と黒字で指標の使い方が違う点が興味深いところです。

●赤字の場合

例えば固定費（F）が180、限界利益（mPQ）が150のとき、損益分岐点比率は120%となります。この数値は今の売上の120%、つまり1.2倍売らなければ採算がとれないことを示しています。

損益分岐点比率が100%を超える場合は、「今の何倍売れ」という「売上必要倍率」を表すのです。

●黒字の場合

では、固定費（F）が160、限界利益（mPQ）が200のときはどうでしょうか。損益分岐点比率は80%です。これは損益分岐点の現在位置を示しており、100%との差、つまり20%売上がダウンすれば赤字に転落することを意味します。見方を変えれば20%の余裕があるともいえ、その意味でこれを経営の「安全余裕率」と呼んでいます。

➡安全余裕率の重要性

経済状況が不透明、不確実なときほど、環境変化に対してどこまで耐えられるかが重要視される。安全余裕率は、不況耐性のモノサシでもある

損益分岐点比率

$$\frac{F}{mPQ}$$

100％以下：経営の安全余裕率

100％超　：売上必要倍率

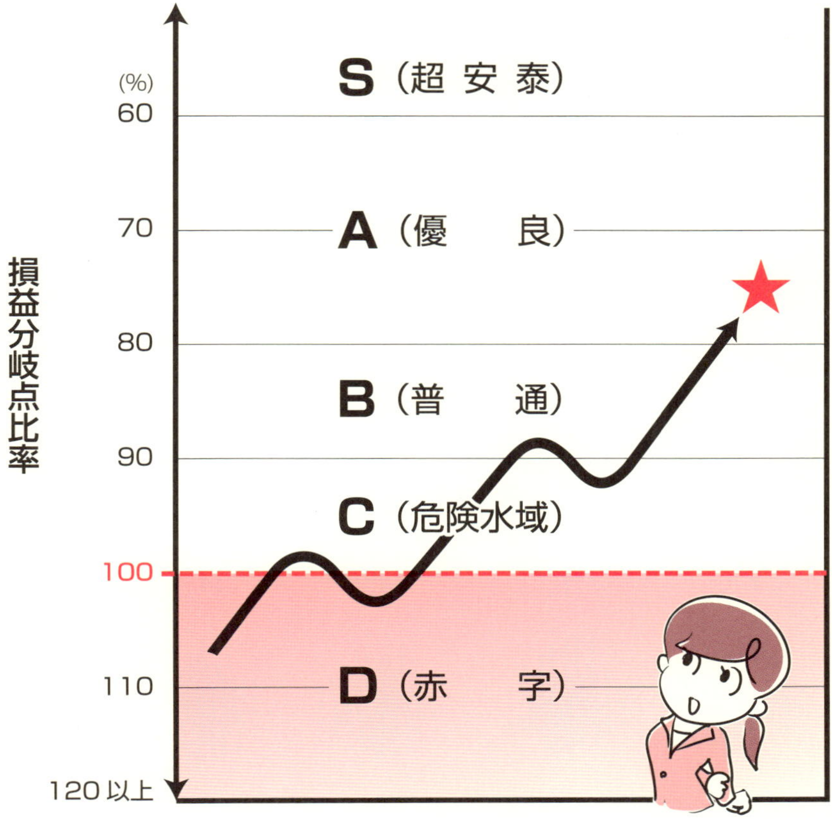

22 STRAC損益分岐点の活用 その⑤

——損益分岐点比率のもう1つの側面——

損益分岐点比率を、固定費と限界利益の対比でとらえることで、また新たなものが見えてきます。

●100円儲けるのにいくらの固定費をかけたか？

STRACでは損益分岐点比率を、単に損益分岐点売上高と実際売上高の対比で見るのではなく、限界利益（mPQ）と固定費（F）の対比でとらえます。そこからまた新たなものが見えてきます。

この比率は「100円儲けるためにいくら固定費をかけたか」の比率でもあるのです。前頁の赤字のケースでは「100円儲けるのに120円かかった」、黒字のケースでは「100円儲けるのに80円の固定費ですんだ」ということです。

➡利益はいくら？
得た限界利益と、使った固定費の差が利益なので、80％の場合は20円が手元に残る利益、120％の場合は20円の持ち出し（損失）となる

儲けを得るための固定費の効率を表しているのが、損益分岐点比率のもう1つの側面なのです。

《なぜ $\dfrac{F}{mPQ}$ なのか》

損益分岐点比率は通常、損益分岐点売上高を実際の売上高で割算して求めますが、なぜF÷mPQで求められるのでしょうか。STRAC公式で売上高から損益分岐点比率を求めると次のようになります。

$$①\ \text{損益分岐点比率} = \frac{\text{損益分岐点売上高}}{\text{実際売上高}} = \frac{\frac{F}{m}}{PQ}$$

さらに、分子と分母に限界利益率（m）をかけると、次のようになります。

$$②\quad \frac{\frac{F}{m} \times m}{PQ \times m} = \frac{F}{mPQ}$$

だから、$\dfrac{F}{mPQ}$ なのです。

■ STRAC損益分岐点を活用する

100円儲けるのにいくらかけたか

$$\frac{F}{mPQ}$$

F：かけたコスト

mPQ：100円の儲け

120%の場合

100円儲けるのに、
120円かかった（**赤字**）

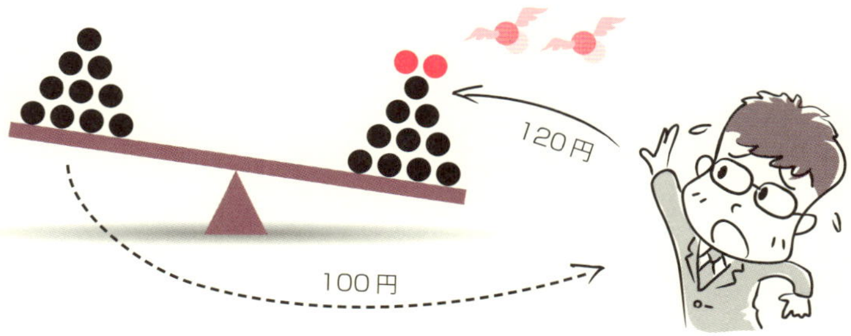

80%の場合

100円儲けるのに、
80円で済んだ（**黒字**）

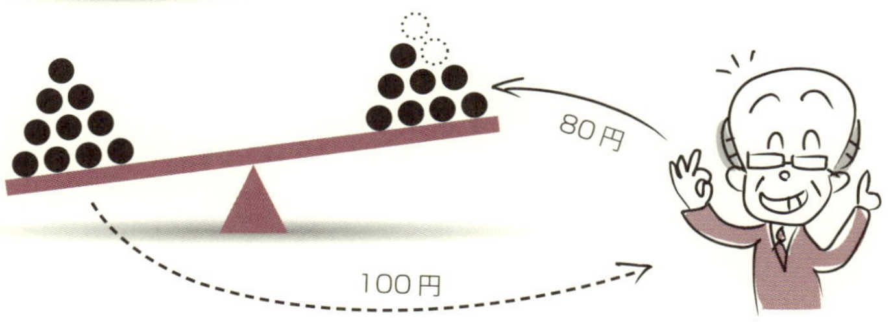

23 STRAC損益分岐点をさらに使いこなす

――儲けを生み出す4つの戦略――

儲かっている状態を表す式mPQ＞Fから、儲けを生み出すポイントは4つだということがわかります。

●ポイントは4つしかない

mPQ＝Fが損益分岐点、つまり利益ゼロの状態ならば、儲けるためにはmPQ＞Fとしなければなりません。そして、左辺mPQと右辺Fの差が利益（G）ですから、Gをできるだけ大きくしたければ、左辺を大きく、右辺を小さくする戦略をとればよいということがわかります。

左辺は限界利益率（m）と単価（P）と数量（Q）のかけ算ですから、左辺を大きくする方法は、mアップ、Pアップ、Qアップの3つ、右辺を小さくする方法は、固定費（F）ダウンです。儲けを生み出すポイントは、この4つしかないのです。

●Fは小さければよいのか

ここで、注意しなければならないことがあります。狭い視野でmPQ＞Fという式を眺めてしまうと、右辺のFのダウンは縮小、つまり経費削減、経費カットという案しか出てきません。しかし、それでは会社は縮小の繰り返しの末、消滅してしまいます。後の頁でも触れますが、Fはもっと広く長期的な視野で考える必要があります。中長期のスパンで、左辺に対し右辺を相対的に小さくすると考えるべきです。

➡経費削減
無駄な経費であれば、削減すれば儲けにつながるが、ともすれば必要なものまでカットしてしまう恐れがあるので、注意が必要だ

➡中長期のスパン
一般にビジネスでは、1年以内を短期、1年から3年を中期、5年超を長期と呼ぶことが多い

●具体的行動へ落とし込む

儲けを生むための大きな方向が見えてきました。問題は「具体的に何をすればよいのか」です。いよいよ、そこに話を進めていくことにします。

■ STRAC損益分岐点をさらに使いこなす

ポイントは４つしかない！

m 戦略 ―――― m（限界利益率）アップ / v（変動費率）ダウン

P 戦略 ―――― P（単価）アップ

Q 戦略 ―――― Q（数量）アップ

F 戦略 ―――― F（固定費）ダウン

24 mアップ戦略を考える

——mアップは、イコールvダウン——

AMGを介して4つの戦略を考察することで、より具体的なビジネス行動に結びつけることができます。

●mアップは、イコールvダウン

限界利益率（m）アップについては、2通りの考え方があります。1つはmそのものをアップさせるという考え方。もう1つは、mと変動費率（v）は足せば1（100%）の関係にありますから、vを下げることでmをアップさせようという考え方です。mそのものを上げる方法は、P戦略と共通するところが多いので後述します。ここでは、vを下げる方法を考えてみましょう。

➡vとmの関係
変動費率vと、限界利益率mは、足せば1、つまり100%の関係にある。どちらかを計算すれば、もう一方は簡単にわかる

●部分最適は必ずしも全体最適とはならない

AMGにおける変動費は、材料費、投入費、完成費の3つです。このうち投入費と完成費は、ルールでその単価が定められているため下げることができませんが、材料費はまとめ買いによるディスカウントがありますので、やり方次第ではvダウンが可能です。

➡投入・完成
第2章09参照

しかし、たくさん買うと安くなるからといって余分な買い物をしたのでは、結局コスト高となります。また、全部原価計算で原価を把握していると、たくさん作るほど計算上の1個あたり原価が下がり、生産部門の効率は上がるように見えますが、もし売れなくて不良在庫をかかえてしまったら、売れ残りは全部損失です。

需要の予測に基づく適切な販売計画とその実行、それに呼応した生産現場の努力があって、初めてvダウンが実現できるのです。

AMGという経営疑似体験を介することで、vダウンは全社的なヨコの協力なくしてはできない活動であり、「部分最適は必ずしも全体最適とはならない」ことを実感できます。

➡AMGは混流生産
AMGの工場は、3製品の混流生産なので、市場ニーズに応じた製品ミックスを実現することでも、vダウンが期待できる

■ mをアップさせるには

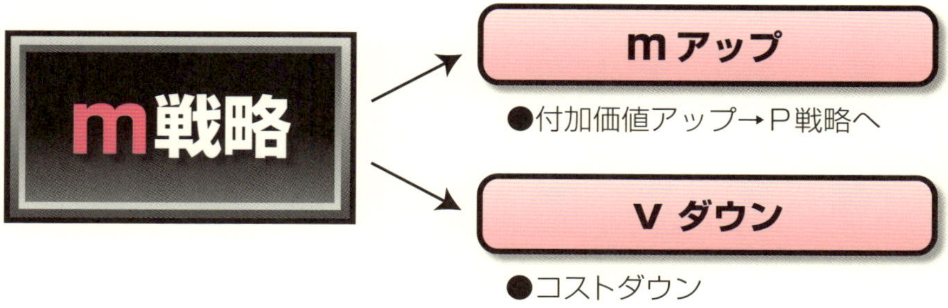
m戦略
mアップ
●付加価値アップ→P戦略へ
vダウン
●コストダウン

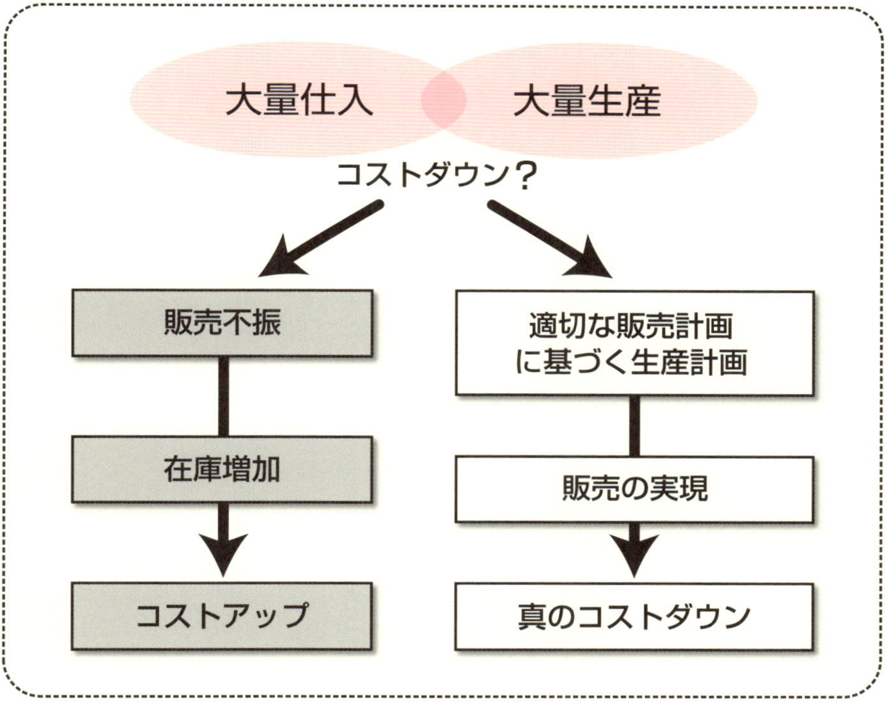
大量仕入
大量生産
コストダウン？
販売不振
在庫増加
コストアップ
適切な販売計画
に基づく生産計画
販売の実現
真のコストダウン

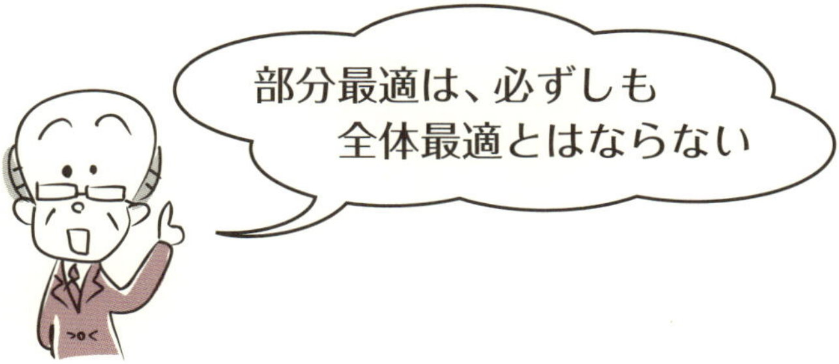
部分最適は、必ずしも
全体最適とはならない

25 Pアップ戦略を考える

――値引きせずに売る方法はあるのか――

AMGでは「差異化」を実現する選択肢が多く用意されています。経営者の意思決定ひとつで、結果は大きく違ってきます。

●なぜデフレスパイラルに陥るのか？

長引く不況に苦しむ日本の産業界と同様の状況が、AMGでも頻繁に現れます。参加者の習熟度が高まり経営が拡大すればするほど、単価（P）が下がりデフレスパイラルに陥っていくのです。なぜ、このようなことになるのでしょうか。

➡デフレスパイラル
デフレによる物価の下落が企業の収益を圧迫し、それが賃金の低下や失業の増加を招き、需要が一層落ち込んでさらにデフレが進むという連鎖的な悪循環のこと

確かに、限られた市場に各社が一斉に参入すれば、需要と供給のバランスが崩れ、価格が下落するのは当然です。注目すべきことは、そのような中でも値引きをせずに売っている会社があるという事実です。そこには何があるのでしょうか。

●他社と同じことをしていては勝てない

各社が同じようなものを作り、同じような売り方をするならば、価格競争に巻き込まれるのは必至であり、結局は消耗戦に陥ります。

他社と同じことをしていては、勝つことはできません。

➡差異化
ライバル企業に対して、自社の優位性を際立たせることで、競争力を高めようとするビジネス用語

AMGでは他社との違い（差異）を生み出す意思決定の選択肢が多く用意されています。それらを選択・決断・実行し、差をつけた会社のみが勝ち残ることができるのです。

● Pの利益への影響力を知る

AMGを通して、Pの上下がどれだけ最終利益に大きな影響を与えるかが実感できます。例えば、右のケースの場合、Pを1上げることができれば、利益は50も増えることがわかります。逆に安易な値引きは、莫大な利益をドブへ捨てているのと同じだということにも気づくのです。

■ Pをアップさせるには

P戦略

他社と同じことをしていたのでは勝てない！

差異化がポイント

技術の差異化

マーケティングの差異化

人材の差異化

年間50個販売している場合、
単価を1上げることができれば、利益は50増加する。

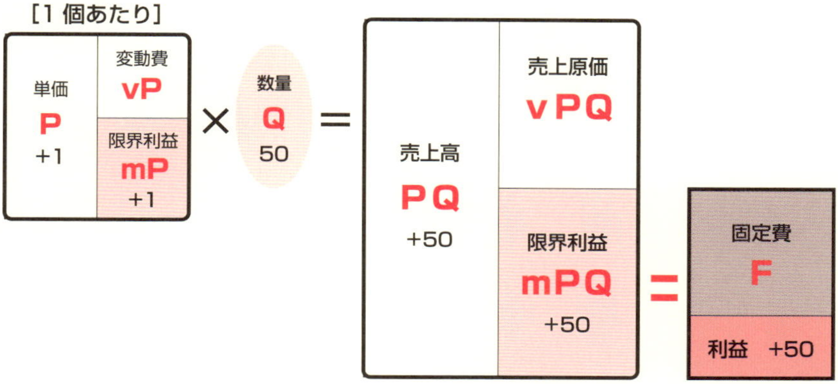

26 Qアップ戦略を考える

——販売なくして企業なし——

生産する能力、販売する能力、それを吸収する市場規模、これらのバランスを確保することがQ戦略の基本です。

●Qアップの基本はバランス

数量（Q）アップは、簡単にいえばたくさん作ってたくさん売ることです。そのためにはまず、たくさん作る生産能力があること、たくさん売る販売能力があること、そしてそれを吸収する市場があることが必要です。このバランスを確保することが、Q戦略の基本です。いくら大きな船といえども、ひとたびバランスを崩すと、あっという間に沈没してしまいます。会社も全く同じです。

➡市場規模
一般には、ある製品やサービスの年間の国内販売額合計を指す。流通段階の数値には中間業者の利益が上乗せされるため、生産段階での数値より大きくなる傾向がある

●規模拡大だけがQアップか

たくさん作ってたくさん売るためには、規模の拡大が必須と考えがちですが、本当にそうでしょうか。高度成長期ならいざ知らず、低成長、成熟経済下では、いたずらに規模を大きくせず効率を上げて数量を増やすことが求められます。どうすれば、そんなことができるのでしょうか。

➡成熟経済
少子高齢化や人口減少により、労働力と資本が減少し、持続・循環型の社会経済システムになっている状態

●効率向上の大きなヒント「時間」

AMGでは1時間を1年と見立てて経営を行います。つまり、時間がビジネスの大きな制約条件となっているのです。この時間を、のんびりとゆっくり使っていたら、意思決定の回数も少なく成果も望めません。しかし、すべてのメンバーが思考を高速回転させ、無駄なくてきぱきと行動すれば、2倍や3倍の成果は容易に得られます。効率をアップさせる上で、時間は重要な経営資源なのです。STRACの7要素にH（Hour：時間）が入っている理由がここにあります。

■ Qをアップさせるには

Q戦略

生産能力・販売能力・市場規模のバランスが大切

Qアップ ＝ 生産能力／販売能力 × 回転

	生産能力・販売能力	回転
（制約条件）	規 模	時 間
（対策）	バランスと効率	スピード

経営とは、
ヒト・モノ・カネ
の高速回転！
クル
クル
クル
クル
クル
クル
クル
クル
クル

27 F戦略を考える
——Fは2つの方向で考える——

F戦略については、確定Fと意思決定Fという2つの見方で、考察していく必要があります。

●Fはダウンしかないのか

儲けをつくる式がmPQ＞Fであることから、儲けるためにはmPQアップだけではなく、Fダウンが必要です。しかし、気をつけなければならないのは、前述したように狭い視野で公式を解釈し、固定費（F）を縮小すれば利益は増大すると考えてしまうことです。

この式は、結果としてmPQがFより大きくなればよいということを示しています。そう考えればFをカットする道だけではなく、逆にFを上げて、より大きなmPQを得る道もあることに気がつくはずです。つまり、Fに対しては2つの見方が必要なのです。

●確定Fの見方

会社を現状のまま、何も手を加えずに維持した場合にかかる固定費を確定Fと呼びます。いわば現状維持のために必要な費用です。これに対しては、「どこかに無駄はないか」という観点で一つひとつの費用をチェックします。不要なものをカットすることで固定費を削減するFダウンです。

➡確定F
すでに保有している設備の維持費や、在籍している社員の人件費など、支払うことが確定している固定費

●意思決定Fの見方

もう1つが意思決定Fと呼ばれるもので、戦略経費と言い換えてもよいでしょう。これに関してはFアップが有効です。なぜならmPQを増加させるには、それに先駆けて戦略経費の支出が不可欠だからです。何もせずに勝手にmPQが増えるはずがありません。

➡意思決定F
新鋭設備の購入や研究開発のための費用など、将来の成長拡大のために、いま決断して出費する、戦略的固定費

■ Fは2つの方向で考える

F戦略

固定費 F

確定分	＋	意思決定分
かかることが確定している固定費		これからかける予定の固定費
↓		↓
		将来のための経費
無駄な経費 etc.		**戦略投資**
抑える		考えて使う
↘		↗
Fダウン		**Fアップ**

28 ニワトリが先か、タマゴが先か

――経営者の役割――

儲けがあるから投資ができるのでしょうか、あるいは投資をするから儲かるのでしょうか。

●ニワトリが先か、タマゴが先か

厳しい時代ほど、「儲けがないから投資はできない」と経営者は嘆きます。儲け（mPQ）があるから投資（F）ができるのでしょうか、あるいは投資（F）をするから儲かる（mPQ）のでしょうか。

ニワトリ（mPQ）が先か、タマゴ（F）が先か、ビジネスにおける永遠のテーマです。

●ビジネススパイラルと経営者の役割

Fをかけるから、その投資効果でmPQが生まれ、mPQが生まれるから、それを使ってまた次のFが可能になります。さらにそのFがまた次のmPQを生み出し、さらに次のFへと向かう。このスパイラル（らせん）が、ビジネスの根幹といえます。

➡スパイラル
らせん、らせん状のこと。
関連して動く一連の循環的な変動をいう

経営とは、このスパイラルをまず始動させ、さらにバランスを保ちながら加速していくことにほかなりません。多少のタイム・ラグはあるにせよ、かけたF以上のmPQが得られると予想されるFを見つけ出し決断すること、それが経営者の役割です。その意味では、経営はタマゴが先といえるのかもしれません。

➡タイム・ラグ
経済行動では、ある変化に対して適応するのに時間がかることが多い。この時間のズレや反応の遅れをタイム・ラグという

●Fは経営の要

これまで述べてきた、m戦略も、P戦略も、Q戦略も、最終的にはFにかかわってきます。何をやるにしても、必ずお金が絡むからです。その意味で、Fは経営の要なのです。

■儲けと投資、どちらが先か

経営者の役割

ビジネスのスパイラルを
創り上げること

COLUMN

MGコラム 2

◆経営を体験してみよう

市場はライバルがひしめく激戦区

❖扱う製品は3種類

AMGで各社が取り扱う製品は3種類。それぞれの市場で、自社を含め6社が日々激しい競争を繰り広げているようすをイメージしてください。

①HP製品の状況

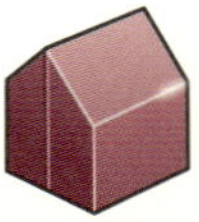

標準価格40

高級品のHP（ハイプライス）製品は、まだ導入期の段階ですが、利益率の高いビジネスが期待され、各社が市場参入の機会をねらっています。しかし、技術のハードルが高く、製品開発にも時間を要することがネックとなり、現状の市場規模はまだ小さなものにとどまっています。

②MP製品市場

標準価格30

普及品のMP（ミドルプライス）製品は、成長期に入りつつあると見られます。比較的、市場参入しやすいこともあり、マーケティング力が競争の鍵となっています。

③LP製品市場

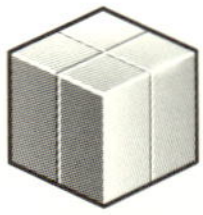

標準価格20

量販を基本とするLP（ロープライス）製品は、大きな売上が期待されていますが、価格競争が激しく、いかにコストを下げて価格競争力をつけるかがポイントです。

❖需要の予測

LP製品市場は、当面安定した需要が発生する見通しですが、価格下落の影響は深刻で、いずれ淘汰の時期を迎えるとの予測もあります。

MP製品、HP製品の市場は、将来の拡大が期待されていますが、相当の時間と資金力を要すると見られています。

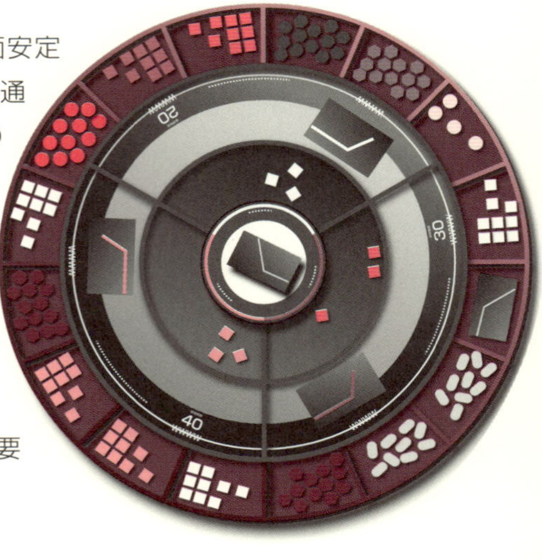

第3章

財務会計で「見る眼」を養う

29 キャッシュと損益は違う動きをする

——払ったお金はどこへ行った？——

ビジネスにおいては、いたるところでキャッシュと損益のズレが発生しています。なぜ、そのようなことが起きるのでしょうか。

AMG（アドバンスト・マネジメントゲーム）では第6期が終了するまでに、決算報告書を2度自分の手で作成します。それにより、財務諸表の意味合いが何となくわかってきますが、同時にわからない点もたくさん出てきます。それらを踏まえて、これから個別の財務諸表に踏み込んでいくことにしましょう。

●キャッシュと損益は違う動きをする

AMGでの販売は掛売りが基本です。そのため、販売してもキャッシュはすぐには入ってきません。特にゲーム後半に販売したものについては、翌期首の入金となりますので、期末の諸費用の支払には間に合わないのです。しかし、期末の決算書を見ると、後半に販売したものもしっかり売上にカウントされています。

また、期中に設備を購入して多額のお金を払ったのに、損益計算書には減価償却費という費用だけしか記載されておらず、残りはどこへ行ってしまったんだろうと不思議に思ったりします。このような体験を通して、キャッシュと損益は違う動きをするということを学んでいきます。

➡掛売り
現金払いではなく、一定期間後に代金を受け取る約束で品物を売ること

➡減価償却費
第3章34参照

●理解不足が黒字倒産を招くことも

AMGの例をあげるまでもなく、実際のビジネスにおいては、いたるところでキャッシュと損益のズレが発生しています。このメカニズムを理解していないと、儲けというものを正しく把握できないばかりか、ときには黒字倒産といった重大な事態を招くことにもつながるのです。

■ AMGの資金繰表と決算フローシートを比較すると……

AMG 資金繰表（キャッシュフロー計算書）

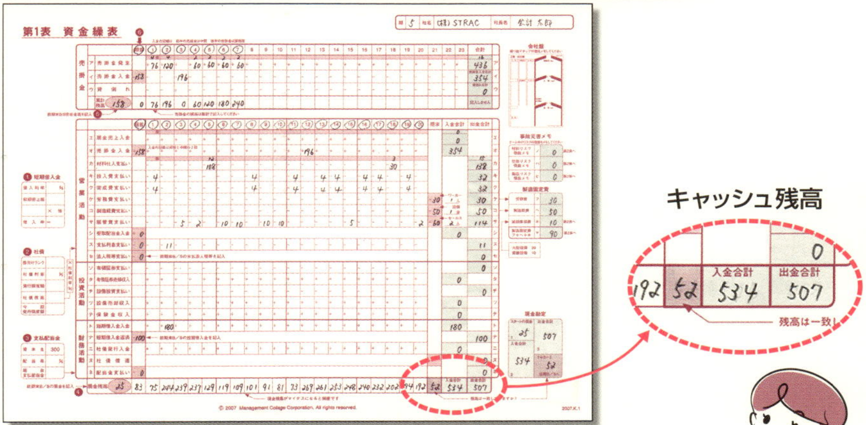

AMG 決算フローシート

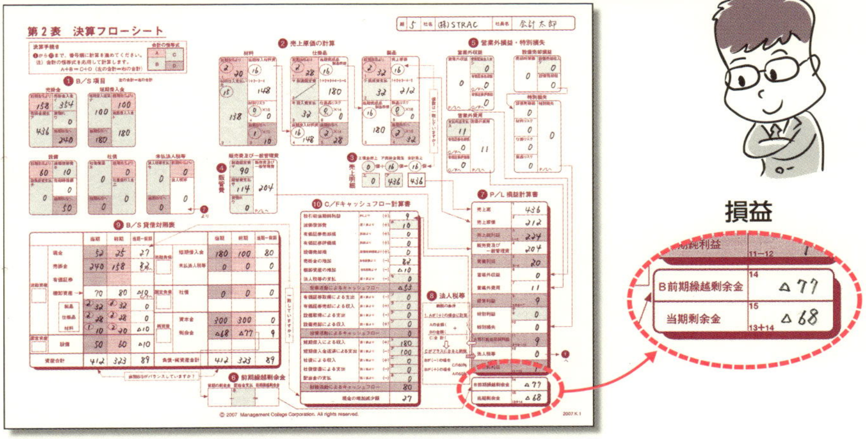

◉キャッシュの残高と損益は、必ずしも一致しない

30 発生主義と期間損益計算

――収益や費用はいつ認識するのか――

損益計算書は、発生主義や期間損益の考え方に基づいて作成されます。まず、この概念を理解することが肝要です。

●発生主義

掛取引や減価償却など会計ルールが複雑化し、実際のビジネス活動とお金の動きに時間的なズレが頻繁に起きる状況下では、会計上の収益や費用をどの時点で認識するかが重要な問題です。

企業会計原則では「すべての費用および収益は、その発生した期間に正しく割り当てられるように処理しなければならない」とされています。つまり、取引の事実が発生した時をもって認識することを原則としているのです。この考え方を発生主義と呼んでいます。実際のキャッシュの出入りは関係ありません（なお、売上などの収益については、安全性の観点から、より保守的な実現主義という立場をとっています）。

➡実現主義
商品の引渡しと、それに対する対価（現金、売掛金、受取手形など）の支払が行われた時点で、収益を認識する考え方

●期間損益

期間を区切ることの意味については、第１章04で説明した通りですが、この考え方に基づき企業会計では、期間損益を計算するためのいろいろなルールを定めています。

例えば装置産業のように、巨額の設備投資をしてそれを長い期間をかけて回収するようなビジネスの場合、発生した収益や費用を該当期間に割り振って平準化する必要があります。減価償却や繰延という方法は、このような状況に対応するために考え出されたルールなのです。一見難解に思えるかもしれませんが、期間損益の概念を理解すれば容易に納得できます。

➡装置産業
鉄鋼業や石油化学工業など、生産工程が巨大な設備や装置で構成され自動化されている産業

これから学習する損益計算書（P/L）は、発生主義と期間損益の考え方に基づいて、企業の利益を把握しようとするものです。

■ P/Lのベースとなる発生主義と期間損益

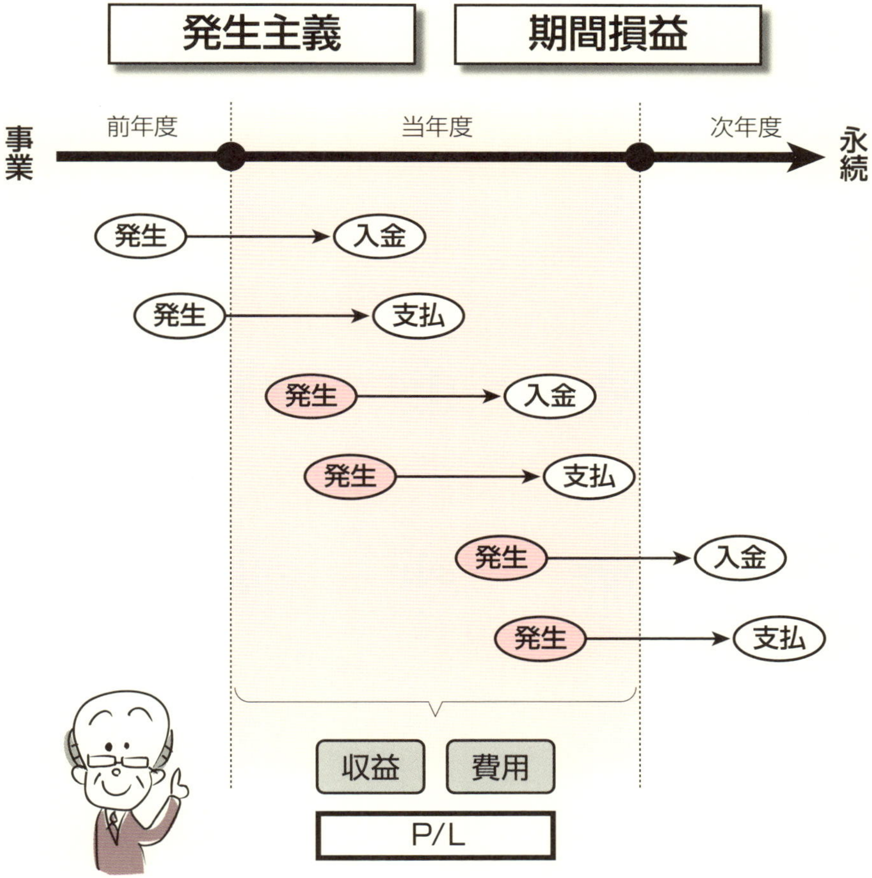

●企業会計原則

「すべての費用および収益は、その発生した期間に、正しく割り当てられるように処理しなければならない」

31 P/Lの構造
——段階的に利益を把握する——

P/L は、収益を3つに、費用を5つに分けて、段階的に差し引き計算し、儲けの実態を表しているのが特徴です。

● P/L とは

発生主義・実現主義と期間損益の考え方に基づいて収支を眺め、儲けを増加させるものを「収益」、儲けを減少させるものを「費用」と呼びます。そしてこの「収益」と「費用」を集計し、差し引き計算したものがP/Lです。

P/Lの特徴は、収益を「売上高」「営業外収益」「特別利益」の3つに分け、費用を「売上原価」「販売費および一般管理費」「営業外費用」「特別損失」「法人税等」の5つに分けて、段階的に差し引き計算し、その途中に4種類の利益を設定して儲けの実態を表そうとしている点にあります。

➡**収益**
一般に、資産を増加させる要因を収益という。ただし、借入れや社債発行、増資などの資本取引は、収益には含まれない

➡**費用**
生産や取引などの経済活動の中で、支払った金銭をいう

● P/Lの構造

一般的なP/Lは右図のような構造になっています。

●フローで利益をつかむことの利点など

P/Lは、フローの観点で、入ってくるもの（収益）と、出ていくもの（費用）を明確にし、それを段階的に差し引きして利益を計算しているため、利益がどこでどのようにして発生したかという、利益の発生原因がよくわかります。

その反面、資産（ストック）の状態を必ずしも十分に反映していない面もあり、企業を総合的に判断するときには、次節で説明する貸借対照表（B/S）とも合わせて検討することが求められます。

■ P/Lのおおまかな内容

P/Lは

収益－費用＝利益

の表である

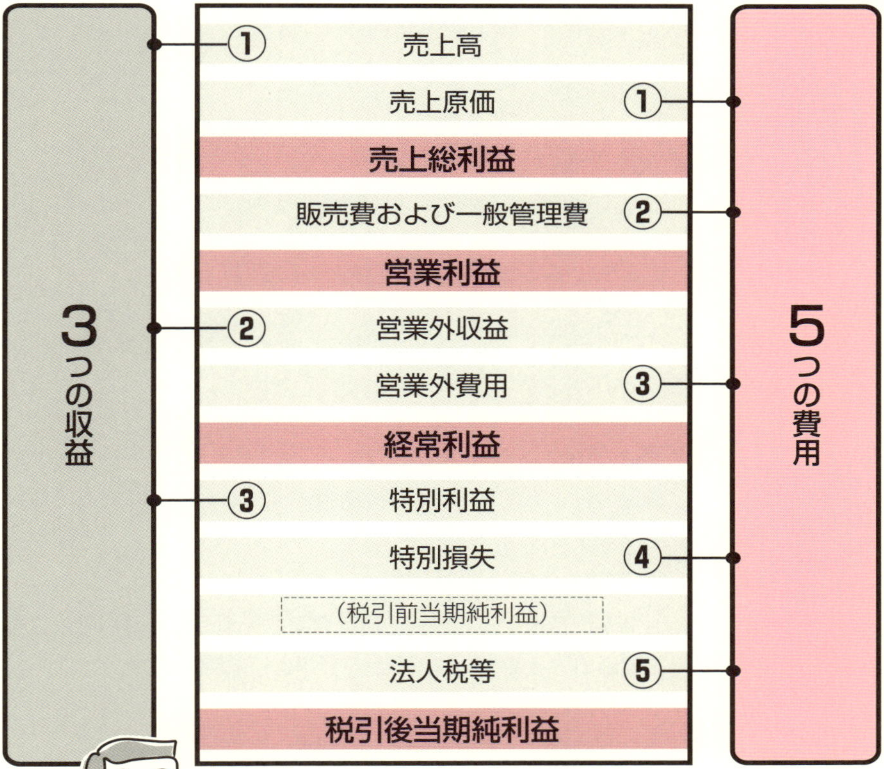

32 P/Lの中身 その①

——3つの収益と5つの費用——

収益や費用はそれぞれ、本業にかかわるもの、本業以外で発生するもの、臨時的に発生するものに分けて集計します。

● 3つの収益の中身

①売上高

製品・商品の販売や、サービスの提供など、会社の本業により得られた収益。

②営業外収益

受取利息や配当金など、本業以外の活動により得られた収益。

③特別利益

工場や設備の売却による利益のように、臨時的、あるいは通常ではない状況で発生した収益。

●5つの費用の中身

①売上原価

商品の仕入原価や製品の製造原価のように、売上に対して直接的にかかる費用。

②販売費および一般管理費

営業部門にかかる人件費や諸経費が販売費、管理部門の人件費をはじめ一般的な管理にかかる費用が一般管理費。

③営業外費用

支払利息など、本業以外の財務活動などで発生した費用。

④特別損失

固定資産売却による損失など、臨時的、あるいは通常ではない状況で発生した費用。

⑤税金

法人税、住民税、事業税など。

➡**本業**
その企業が目的としている、本来の仕事

➡**仕入原価**
一般には、商品の仕入価額に、仕入に要した費用（運賃・保管料・手数料など）を加えたものをいう

➡**製造原価**
第2章10参照

■ P/Lにある収益と費用の種類

3つの収益	①売上高	●製品・商品の販売代金 ●サービスの提供によって得る代金など
	②営業外収益	●受取利息、受取配当金 ●短期保有の有価証券売却益など
	③特別利益	●固定資産売却益 ●投資有価証券売却益など
5つの費用	①売上原価	●商品の仕入原価、製品の製造原価 （製造原価には製造固定費が含まれる）
	②販売費および一般管理費	●販売活動に要した費用 （人件費、販売促進費、販売手数料など） ●間接部門に要した費用 （間接部門人件費、諸経費、租税公課など）
	③営業外費用	●支払利息、割引料、社債利息 ●有価証券売却損など
	④特別損失	●火事や災害でこうむった損失 ●固定資産の売却損など
	⑤税金	●法人税・住民税および事業税など

33 P/Lの中身 その②

――4つの利益――

P/Lでは、利益を「売上総利益」「営業利益」「経常利益」「当期純利益」の４つに分けて表示しています。

●売上総利益

➡アラ（荒）利益
第２章12参照

売上高から売上原価を差し引いたものが売上総利益です。実務では「粗利益」とか「アラ利」という言い方もします。製品力で稼ぎ出す第一段階の利益であり、これ以降の利益の源泉となるものです。

●営業利益

営業利益は、売上総利益から販売費および一般管理費として示される営業費用を引いたものです。企業本来の営業活動を通して得た利益で、会社の本業による利益を表しています。

●経常利益

営業利益に営業外収益を加え、営業外費用を引いたものが経常利益です。本業から生み出した営業利益に、日常の財務活動による支払利息や受取利息が加減算されていますので、総合的な企業の成績を示す利益といって差し支えないでしょう。

➡経常利益
計上利益と区別する意味で、「ケイツネ」という言い方もよく使われる

●当期純利益

①税引前当期純利益

経常利益に特別利益を加え、特別損失を引いたものです。

②税引後当期純利益

税引前当期純利益から納税の見積額を引いたもので、一定期間における企業の最終利益の額ということになります。

■ P/Lにある利益の種類

売上総利益

● **製品力で稼ぎ出す利益**

利益の源泉となるもの。
「粗利益」「アラ利」とも呼ばれる

営業利益

● **本業力で稼ぎ出す利益**

企業本来の営業活動による利益。
賞与原資を算出する際の指標としても活用される

経常利益

● **総合的な企業の成績を示す利益**

本業の強さを見るなら営業利益、
財務力も含めたトータルな実力を見るなら経常利益がよい

当期純利益

● **最終的に会社に残る利益**

税引前当期純利益－法人税等
（国の税金が法人税、
地方の税金が住民税と事業税）

段階的に利益を見ると儲けの実態がよくわかるのね

34 減価償却の知識　その①

——減価償却の意味——

これまでも減価償却という言葉が何度か出てきましたが、そもそも減価償却とは何なのでしょうか。ここで整理しておきましょう。

● AMGで設備を購入したケースを考えてみる

例えばAMGで、大型設備を1台（購入価格200）現金購入したケースを考えてみます。キャッシュが200減りますから、あたかも200の費用が発生したかのように見えますが、決算で作成したP/Lを見ると、設備購入に関しては20の減価償却費という費用しか発生していません。

➡設備
AMGでは、資産の効率を考えさせることをねらいとして、生産能力の異なる2種類の設備を選択できるようにしている。

●減価償却の意味

期間損益という考え方に立つと、設備のような高額で長期間使用する資産については、支払った購入費を使用する期間に割り振る必要があります。

AMGで購入する設備は10年使えるという設定で、償却ルールは10年定額法、残存価額ゼロと指示されています。つまり、購入費用200を10年に分割して、毎年20という一定額を費用化するわけです。その結果、設備を使用する10年間に購入費用が均等に割り振られることになり、期間損益への影響が平準化されます。

➡残存価額
減価償却をしていく中で、耐用年数を終えた後に残る価格のこと。税制改正により現在は廃止されている。第3章35参照。

また、このような処理をすることで、時間の経過による資産価値の減少分に近いものが費用化されますので、その意味でもリーズナブルな方法といえます。

減価償却とは要するに、減価（価値が減った）分を、償却（費用とみなして処理）するという意味です。

高額で長期間使用するような資産（これを固定資産と呼びます）を購入したときは、企業会計ではこのような減価償却の考え方で費用を計算します。

■ 減価償却って何？

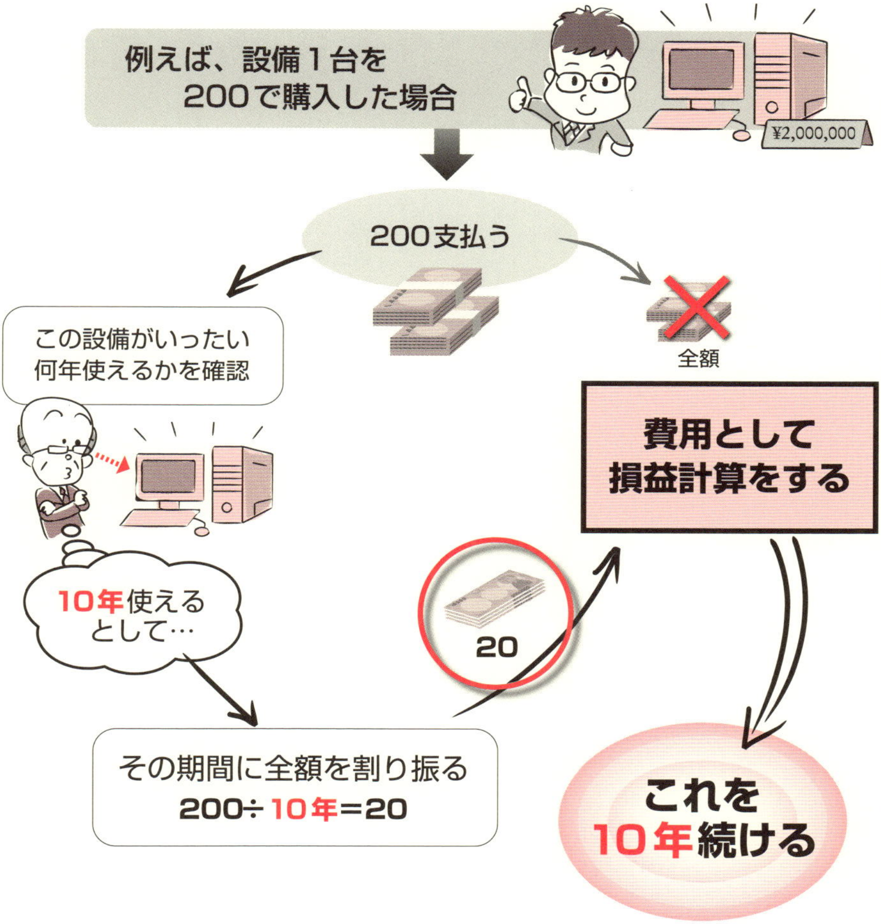
例えば、設備1台を
200で購入した場合
¥2,000,000
200支払う
全額
この設備がいったい
何年使えるかを確認
10年使える
として…
その期間に全額を割り振る
200÷10年＝20
20
費用として
損益計算をする
これを
10年続ける

減価償却とは……

減価　**償却**

価値が減った分だけ　費用とみなして処理する

……こと

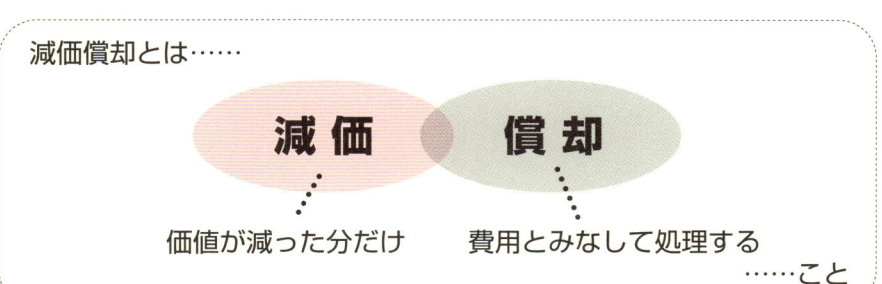

35 減価償却の知識　その②
——定額法と定率法——

減価償却の方法には、定額法と定率法の２種類があります。どちらでも選択できますが、一度決めたら継続しなければなりません。

●定額法と定率法

①定額法

固定資産購入に要した金額を、耐用年数に均等に割り振って減価償却費を計算する方法です。

定額法での毎期の減価償却費は次の式で求められます。

減価償却費＝取得価額÷耐用年数

②定率法

毎期、固定資産の期首帳簿価額に同じ償却率をかけ算した額を計上し、耐用期間に全額償却する方法です。

定率法での毎期の減価償却費は次の式で求められます。

減価償却費＝期首帳簿価額×償却率

$$＊償却率＝\left(\frac{1}{耐用年数}\right)\times 2.5$$

なお、07年の税制改正により、従来の残存価額と償却可能限度額は廃止され、全額償却することとなりました（ただし備忘価額１円を残します）。

➡耐用年数
減価償却の対象となる資産の、使用に耐える年数のこと。税法で定められたものを「法定耐用年数」と呼んでいる。

《減価償却はキャッシュの原資となる》

固定資産を購入した年には、キャッシュは出ていくわけですが、翌年度以降を見てみると、減価償却という費用が発生していても、その分キャッシュを支払うわけではありません。つまり、損益計算書での見かけの利益より、減価償却分だけキャッシュは多く残るのです。「減価償却はキャッシュの原資となる」と言われるゆえんです。

■ 減価償却の方法は2種類ある

定額法と定率法

定額法

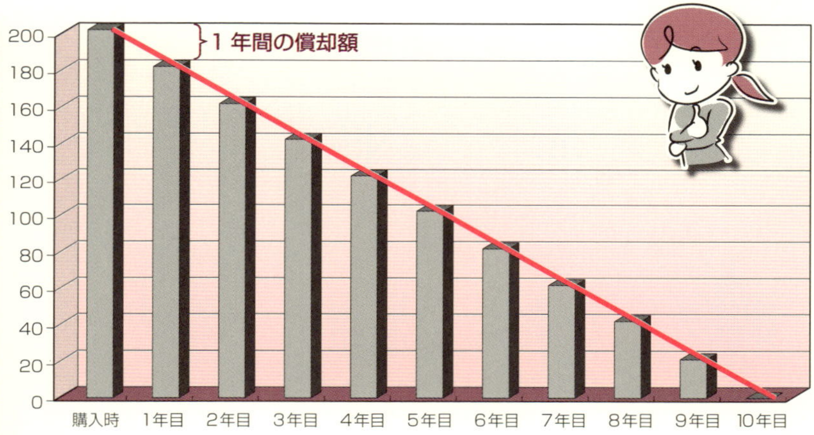

●毎年、同額を計上し、一定年間に全額償却する方法

定率法

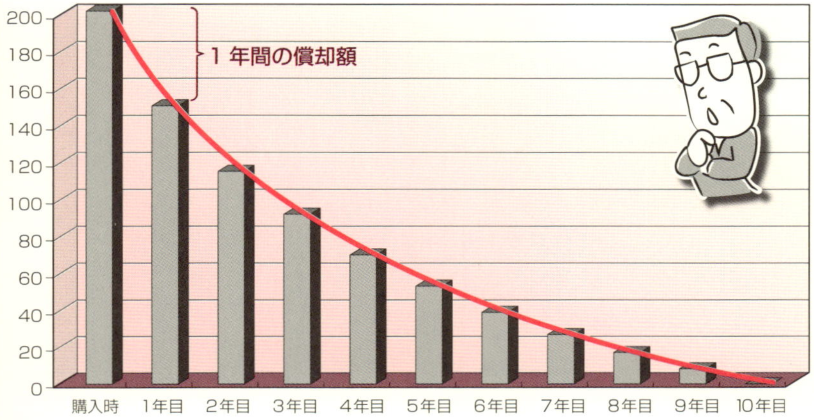

●毎年、同率を期首簿価にかけ算した額を計上し、一定年間に全額償却する方法

36 4つの利益率

——100% P/L 図で特徴をつかむ——

売上高を 100 とした「100% P/L 図」を作り、各段階の利益率を見ることで、利益の出し方の特徴をつかむことができます。

●100% P/L 図を作ってみよう

P/Lの各項目の構成比を一目でつかむために、売上高を100とした場合の「100%P/L図」を作ってみましょう。

➡構成比
全体を 100%としたときに、各構成要素の全体に占める割合

●売上高総利益率

売上高に対する売上総利益の割合（売上総利益÷売上高）です。100%P/L図では数字がそのまま対売上の比率を表しますから、この場合30%です。売上高総利益率は基礎的収益力を表しています。

●売上高営業利益率

売上高に対する営業利益の割合（営業利益÷売上高）で、ここでは10%です。本業での収益力を表しています。

●売上高経常利益率

売上高に対する経常利益の割合（経常利益÷売上高）で、ここでは9%です。重要な収益・費用をほとんど含んだ上での利益率という点で、最も注目される利益率といえます。

●売上高純利益率

当期純利益を売上高で割ったもので、ここでは4%です。処分可能な利益がどの程度あるかを表しています。

➡処分可能な利益
P/L の最終値となっている利益。株主総会においてその処分（使い道を決めること）ができるという意味で使われる

4つの利益の率を、業界の平均値や同業他社の数値と比較することで、その会社の収益体質を読むことができるのです。

■4つの利益率で会社の収益体質を読む

100% P/L図

	項目	金額	利益率
	売上高	100	
−	売上原価	70	
	売上総利益	**30**	← 売上高総利益率
−	販売費および一般管理費	20	
	営業利益	**10**	← 売上高営業利益率
＋	営業外収益	4	
−	営業外費用	5	
	経常利益	**9**	← 売上高経常利益率
＋	特別利益	0	
−	特別損失	1	
	税引前当期純利益	8	
−	法人税等	4	
	当期純利益	**4**	← 売上高純利益率

売上高総利益率：基礎的収益力を表す
売上高営業利益率：本業での収益力を表す
売上高経常利益率：最も注目される利益率
売上高純利益率：処分可能な利益の割合

37 実際のP/Lを分析する

――Y社とK社のP/L図を比較してみると――

Y社とK社は、いずれも家電量販店の大手です。100％P/L図を比較し、両社の収益力を分析してみましょう。

●売上高総利益率の差の原因は？

売上高総利益率は、Y社がK社を4.9％上回っています。「2割引、3割引は当たり前！」が常識のこの業界で、Y社は安いことで有名なのですが、どうして売上高総利益率が高いのでしょうか。

Y社は廉価販売を原動力に、売上高ナンバーワンの規模を誇っています。その規模がメーカーに対するバイイングパワーを生み、他社より低い原価率が実現できたのだと考えられます。

➡バイイングパワー
スーパーや大手チェーン店などが、強力な販売力を背景とした大量仕入により、メーカーに対して有利な条件を引き出せる力をもつこと

●売上高営業利益率の差の原因は？

売上高営業利益率は、Y社3.7％に対して、K社マイナス1.5％です。営業利益率を左右する販売費および一般管理費の割合の差はわずか0.3％。コスト管理レベルでは大差はなく、売上高総利益率の差がそのまま売上高営業利益率の差につながっています。

●売上高経常利益率の差の原因は？

ここではK社の営業外収益2.5％が目立ちます。財務活動からの収益が多く、そのおかげで経常利益ではプラスになっています。ただ、Y社も営業外収益が1.1％ありますので、この業界特有の販売奨励金のような営業外収益の構造があるのかもしれません。

●売上高純利益率の差の原因は？

K社は、商品の評価損などの特別損失が1.1％あり、せっかく経常利益ではプラスとなったのに、最終的には赤字決算となってしまいました。Y社は順当に税金も納め、当期を終えたようです。

➡評価損
保有している資産の時価から簿価を引いたもの。マイナスの場合が評価損、プラスの場合は評価益となる

■P/L図でY社とK社の収益力を読む

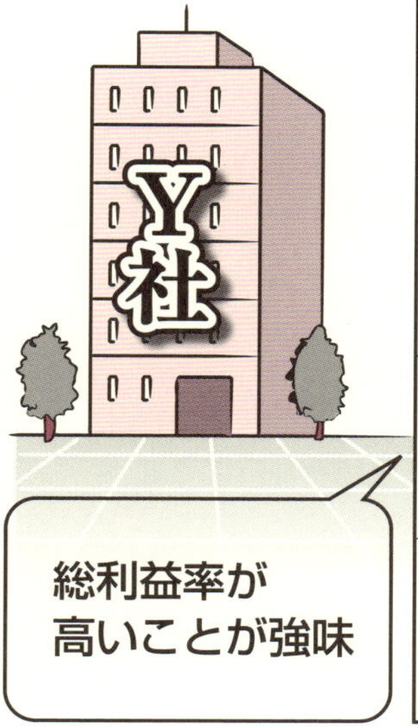
Y社
総利益率が高いことが強味

売上高	100.0
売上原価	77.9
売上総利益	22.1
販売費および一般管理費	18.4
営業利益	3.7
営業外収益	1.1
営業外費用	0.2
経常利益	4.6
特別利益	0
特別損失	0
税引前当期純利益	4.6
法人税等	1.8
当期純利益	2.8

K
K社
営業外収益が本業のマイナスをカバー

売上高	100.0
売上原価	82.8
売上総利益	17.2
販売費および一般管理費	18.7
営業利益	▲1.5
営業外収益	2.5
営業外費用	0.3
経常利益	0.7
特別利益	0.1
特別損失	1.1
税引前当期純利益	▲0.3
法人税等	0
当期純利益	▲0.3

▲ はマイナス

38 なぜ左右に分けて書かれているのか

—左に書かれているもの、右に書かれているもの—

続いて、B/S に挑戦します。まず疑問に思うのが、B/S がなぜ左右に分けて書かれているのか、しかもそれぞれの合計がなぜ同じになるのかという点です。

●マイホーム購入を B/Sで表わしてみる

あなたが、念願のマイホームを購入したとしましょう。購入価格は4,000万円、これまで頑張って貯めた自分のお金1,000万円を頭金として支払い、残りの3,000万円は銀行から住宅ローンを借りて支払いました。

これで確かにマイホームはあなたのものです。でも、一方で多額の借金もしています。この場合、果たして財産を得たといえるのでしょうか、それとも…。心の中では喜びと不安が入り混じり、はなはだ複雑な心境です。

➡**頭金**
分割払いで代金を支払う約束で物を購入する時に最初に支払う、少しまとまった金額。家や自動車など高額品の売買に多く見られる

●財産を表と裏の両面から眺める

さて、この状況を会計ではどう表すのでしょうか。会計の基本である複式簿記の眼は、マイホームという財産を表と裏の両面から眺めます。まず、貸借対照表（B/S）の左側に表から見える姿、つまりマイホームを「土地&建物　4,000万円」と書きます。そして、右側には裏の事実、すなわちそれを取得するにあたって誰がいくら出したかを書きます。

➡**複式簿記**
単式簿記に対し取引の２面性に着目して、取引金額を、その取引の原因と結果という観点で左側と右側に書き分けて記録する方法

この場合、銀行ローン「借入金　3,000万円」と、頭金「自己資金　1,000万円」となります。マイホームという財産の、表の姿と裏の事実を左右に書き分けるのですから、左の合計額と右の合計額は必ず同じになります。

これがB/Sのしくみです。会社の財政状態も、全く同じしくみで書かれているのです。

■ B/Sの左右に書かれていること

表から見える姿	裏の事実
土地＆建物（マイホーム）	借入金（銀行ローン）3,000万円
4,000万円	自己資金（頭金）1,000万円

左の合計 ＝ 右の合計

金の運用（行き先）　金の調達（出どころ）

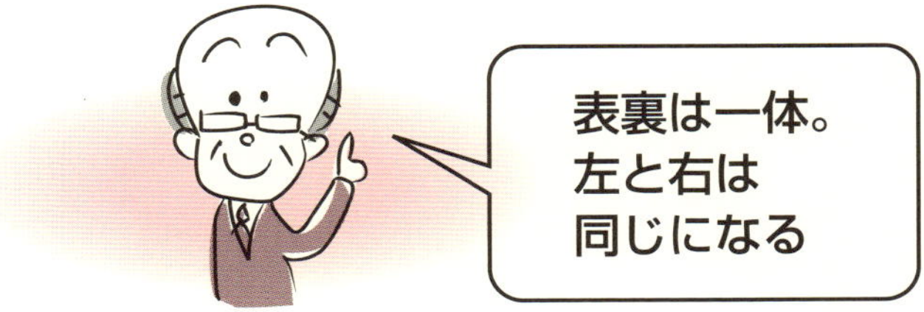

39 B/Sの左側に書かれているもの その①

——1年以内に現金化できるものが流動資産——

会社が所有する財産を資産と呼びます。B/S の左側には資産のすべてが書かれています。いわば財産の残高表です。

●金額評価できるものはみな資産

B/Sの左側には「資産」が書かれています。資産とは、会社が持っている財産の中で、金額評価できるものをいいます。簡単にいえば、会社の中にある価値のありそうな“モノ”はみな資産です。

➡資産の評価
資産の評価は、取得するためにどれだけ資金を使ったのかが重要であるため、原則として取得原価で評価されます（時価評価や減損会計などの例外はあります）

●現金化しやすいものから並べる

これらの資産は、現金化しやすい順に並んでいます。上から見ていきましょう。

まず現金があります。会社の金庫にある現金のほか、銀行に預けているお金もたくさんあることでしょう。次に、販売はしたけれどもまだ現金として回収していない売掛金や受取手形があります。これも大事な資産です。値上がりを見込んで購入した株などの有価証券もあります。これらは、いずれもきわめて現金に近い資産ですので、総称して「当座資産」と呼んでいます。

➡有価証券
財産権を表示する証券で、その権利の行使が証券でなされることを要するもの。手形・小切手・株券・商品券などがある

次に現金になりやすいものに在庫があります。完成して、いつでも売り渡せる状態のものが製品、製品になりかかっている製造途中のものが仕掛品、これから製造工程に投入するものが原材料です。これらの在庫を総称して「棚卸資産」と呼びます。

●１年以内に現金化できるものが流動資産

「当座資産」と「棚卸資産」を合わせたものが「流動資産」です。1年以内に現金化できると思われるものであり、できるだけ早く現金に換えたい資産ともいえます。

■ 流動資産の中身

B/S

流動資産	流動負債
	固定負債
固定資産	純資産

流動資産	当座資産	現金・預金 受取手形 売掛金 未収金 有価証券　　etc.
	棚卸資産	商品・製品 仕掛品 原材料　　etc.

1年以内に現金化できるものが流動資産

40 B/Sの左側に書かれているもの その②

――長期間にわたって使用する固定資産――

流動資産に対し、B/Sの左側下半分には、長期間にわたって使用する固定資産が書かれています。

●有形固定資産と無形固定資産

流動資産のほかにも、会社にはたくさんの資産があります。目に見えるものでは、会社の社屋とその土地、機械設備や車両、建設中の工場もあるかもしれません。これらの形のある資産のうち、売るためではなく、使用するために所有しているものを「有形固定資産」と呼んでいます。

「有形」があれば、当然「無形」もあります。例えば特許権や営業権、借地権など、姿かたちはないのですが、十分な財産価値を持っているものです。これらは「無形固定資産」と呼びます。この2つが代表的な固定資産です。

➡営業権
企業のブランド力、販売先との信頼関係、特殊な技術やその独占性など、高い企業収益を獲得することができる無形の財産的価値

●投資等

固定資産にはもう1つ、「投資 その他」という項目があります。子会社の株式や出資金、売買目的ではなく長期に保有することを目的とした株式や社債などの有価証券、長期の貸付金などがこれにあたります。

《繰延資産》

固定資産のほかに、繰延資産というものが記載されていることがあります。繰延資産というのは、創立費、開業費、開発費、株式交付費、社債発行費など、支払った費用の中でも将来の期間にも影響するものを、次期以後の期間に配分して費用処理するため、経過的に資産として記載したものです。一般には3～5年で償却します。

➡創立費・開業費
創立費とは、法人を法律的に設立するために かかった費用。開業費とは、設立から営業開始までにかかった費用をいう

■固定資産の中身

B/S

流動資産	流動負債
	固定負債
固定資産	純資産

固定資産	**有形固定資産**	土地 建物 機械装置 車両運搬具　etc.
	無形固定資産	特許権・商標権 借地権 営業権（のれん） ソフトウェア　etc.
	投資その他	長期保有の株式 長期貸付金　etc.

長期に保有または使用するものが固定資産

41 B/Sの右側に書かれているもの
——負債と純資産——

右側には負債と純資産が書かれています。負債は、簡単にいえば借金で、純資産は返さなくてよい自分のお金です。

●1年以内に返済しなければならないものが流動負債

負債は、1年以内に返済しなければならない「流動負債」と、1年を超えてゆっくり返済する「固定負債」に分かれています。

「流動負債」の代表的な勘定科目として、「支払手形」「買掛金」があります。いずれも商品や材料を、後日代金を支払う約束で購入した分ですから、期日には支払わなければなりません。その意味では借金と同じ性格のものです。これらは総称して、買入債務ともいいます。流動負債には、ほかに「短期借入金（1年以内に返済が必要な借入金）」や「未払法人税」があります。

➡未払法人税
企業は決算後2カ月以内に当年度の所得税等を納めなければならないが、決算のときにはまだ納税されていないことが多い。納税するまでは、未払法人税等という勘定科目で処理されることになる

●1年を超えてゆっくり返済する固定負債

「固定負債」の代表的な勘定科目には、「社債」や「長期借入金」があります。また、将来の退職金の支払に備えた「退職給付引当金」なども固定負債になります。いずれも、長期にわたってゆっくり返済すればよい借金といえます。

●返さなくてよい純資産

資産総額から負債総額を引いたものが「純資産」です。中身の主なものは、資本金と剰余金です。少し前（新会社法が施行される前）までは、ここを自己資本とか株主資本と呼んでおり、今でもこの言葉はあちこちで使われていますが、みな同義です。いずれにしても、返済の必要のない部分、いわば会社にとっての自分のお金が「純資産」です。

➡株主資本
第3章44参照

■負債と純資産の中身

B/S

流動資産	流動負債
	固定負債
固定資産	純資産

負債	流動負債	支払手形・買掛金 短期借入金 未払法人税　etc.
	固定負債	社債 長期借入金 退職給付引当金　etc.
純資産		資本金 資本剰余金 利益剰余金 自己株式 評価換算差額等　etc.

お金の出所は、負債（他人のお金）と純資産（自分のお金）に分けられる

42 パーソナルB/Sを作ってみよう
――私の財政状態は？――

自分自身の財政状態を表すB/Sを作ってみましょう。個人のB/Sなのでパーソナル B/Sと呼びます。

●私の流動資産は？

まず左側に流動資産として、1年以内に現金化できる財産を書きます。現金、銀行や郵便局に預けた預貯金のほか、投資信託や株式などを保有していたら、現時点での価格を記入します。

●私の固定資産は？

次に固定資産です。マイホームを所有していたら現在の相場価格を記入します。自動車や宝石・貴金属類、骨董的価値のある品物を持っていればそれらも、通常に売買した場合の価格を想像して記入します。

➡相場価格
市場で取引されるその物件の、その時々の値段、時価、市価

●私の負債は？

続いて右側にいきます。まず、クレジットカードや公共料金の未払分など、1年以内に返済しなければならない流動負債を書きます。

住宅ローンのような、1年以上の長期にわたって分割返済しているものは固定負債です。負債はすべて残債額（一括で返済する場合の金額）を書きます。

以上を合計したものが、総負債（借金総額）です。

●私の純資産は？

左側の資産の合計額（総資産）から、右側の負債の合計額（総負債）を引いたものが私の正味財産です。個人の場合は資本金や剰余金という概念はありませんから、資産と負債の差額である正味財産が純資産ということになります。

■パーソナルB/Sを作ってみる

<table>
<tr><td rowspan="6">流動資産</td><td>現金</td><td rowspan="4">流動負債</td><td>クレジットカード</td></tr>
<tr><td>預貯金</td><td>ローン</td></tr>
<tr><td>有価証券</td><td>未払金</td></tr>
<tr><td>貸付金</td><td>合計</td></tr>
<tr><td>その他</td><td rowspan="3">固定負債</td><td>住宅ローン</td></tr>
<tr><td>合計</td><td>長期借入金</td></tr>
<tr><td rowspan="5">固定資産</td><td>土地・建物</td><td>合計</td></tr>
<tr><td>家財道具</td><td colspan="2">負債合計</td></tr>
<tr><td>権利金</td><td rowspan="2">純資産</td><td>私の正味財産は
資産合計 ー 負債合計</td></tr>
<tr><td>その他</td><td></td></tr>
<tr><td>合計</td><td colspan="2">純資産合計</td></tr>
<tr><td colspan="2">資産合計</td><td colspan="2">負債・純資産合計</td></tr>
</table>

資産は時価（現在の相場価格）で記入する

43 100% B/S図で骨格をつかむ

——わかりにくいものは、わかりやすくする——

B/S の各項目の構成をひと目でつかむために、全体を 100%とした「100% B/S図」を作ってみましょう。

●わかりにくいものは、わかりやすく作り直す

実際のB/Sは、専門用語と数字の羅列で、ただそのまま眺めていても、そこから会社のイメージはなかなか湧いてきません。そんなときは、100%B/S図に作り直してみることをお勧めします。

まず、高さ100㎜の四角（幅は自由です）を作り、真ん中に縦線を引きます。左側から作図していきますが、流動資産が総資産の何%にあたるかの構成比を計算し、その位置に横線を引きます。これだけで、流動資産と固定資産が図示できたことになります。流動資産をもう少し細かく見たければ、性格の異なる当座資産と棚卸資産に分け、その境目に線を引きます。もっと細かく分けても構わないのですが、視覚的に大まかにつかむことが目的であれば、この程度で十分です。

➡流動資産
➡当座資産
➡棚卸資産
第3章39参照

➡固定資産
第3章40参照

➡流動負債
➡固定負債
➡純資産
第3章41参照

右側も同様に、流動負債、固定負債、純資産の構成比に従って横線を引けば、100%B/S図が出来上がります。

●図にすることのメリット

100%B/S図にすれば、細かい数字を気にしなくても、各資産の大きさや割合がひと目でわかります。また、B/Sを見る上でたいへん重要な左右のバランスを、感覚的につかむことができます。

もう1つの利点は、規模の異なる会社であっても、同じ土俵の上で財務体質の比較ができることです。

図にすることは多くのメリットをもたらします。ぜひ、図で考える習慣をつけたいものです。

■ 100% B/S図で資産や負債のバランスをつかむ

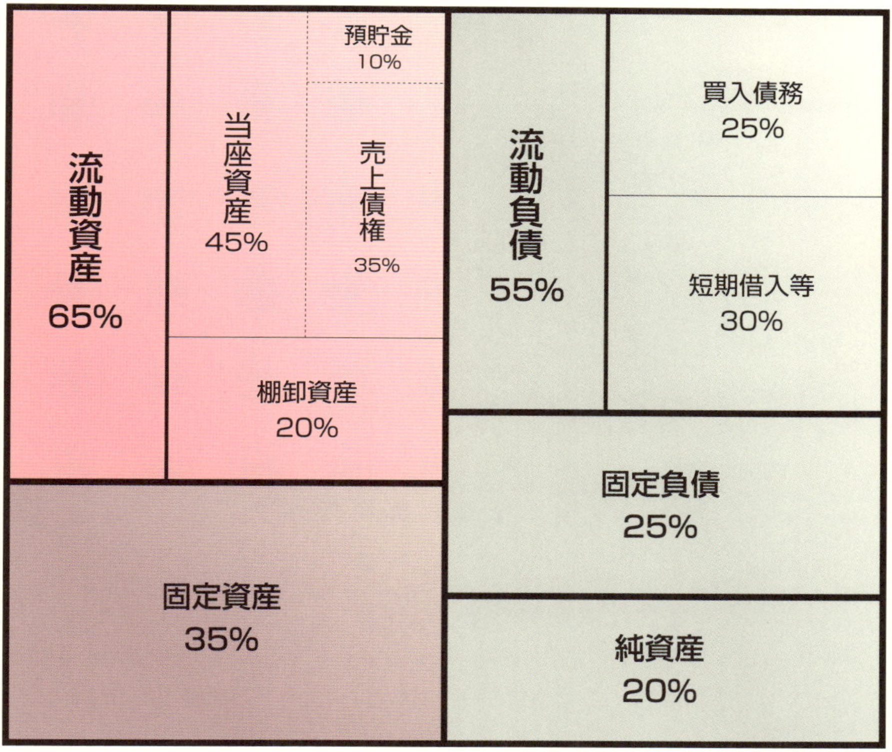

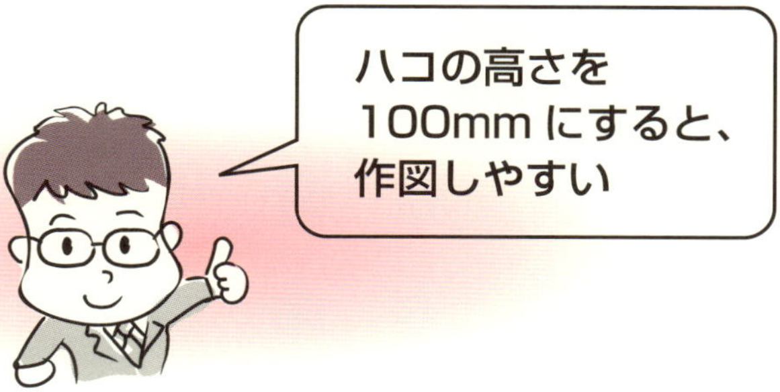

44 B/Sの見方　その①

――まずは純資産比率を見る――

まず、注目したいのが純資産の割合です。純資産は返す必要のないお金であり、その割合が大きいほど経営は安全と考えられます。

●まずここを見る

最初に、純資産の大きさに着目し、左側の総資産を自分のお金である純資産で、どの程度まかなっているかを見ます。

この割合を「純資産比率」といいます（自己資本比率、株主資本比率という言い方もよく使われます）。

➡株主資本
一般的には自己資本、純資産と同義に使われる。厳密には純資産のうち、資本金、新株式申込証拠金、資本剰余金、利益剰余金、自己株式および自己株式申込証拠金の合計をいう（評価・換算差額等、新株予約権、少数株主持分は含めない）

$$\text{純資産比率} = \frac{\text{純資産}}{\text{総資産（負債・純資産）}}$$

●会社は安全か？

純資産は返す必要のないお金であることから、純資産が多ければ多いほど経営は安全であるといえます。特に長引く不況下では、銀行も好況時のように気軽にお金を貸してはくれません。耐久力をつけるためにもこの比率は高く保つことが求められます。明確な目安があるわけではありませんが、40%を一応の合格レベルとし、50%超を目標としたいものです。

《資本金のジレンマ》

純資産を構成するものの1つに資本金があります。資本金は会社にとっては自分のお金ですから大きいほど安心に思えますが、配当を支払わなければなりません。配当の原資は利益であり、その利益には40%前後の税金がかかります。大雑把に計算すれば100万円の配当のために167万円の利益を失うことになります。そういう意味では資本金は、実はたいへんコストのかかるお金でもあるのです。

■ B/Sで確認するべきポイント

$$\text{純資産比率} = \frac{\text{純資産}}{\text{総資産（負債・純資産）}}$$

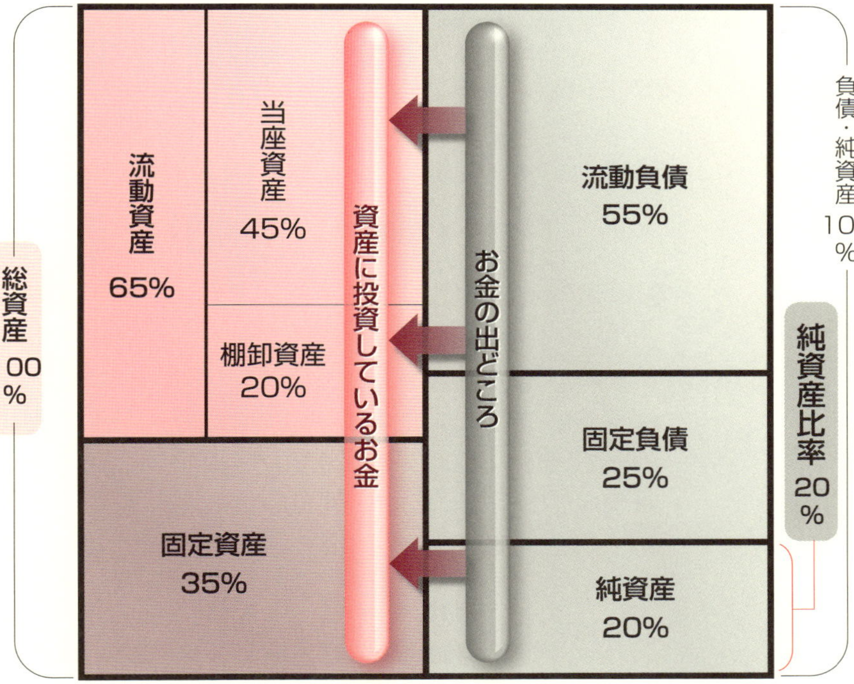

純資産比率とは、
企業が持つ総資産（負債・純資産）のうち、
返済の必要のない純資産の割合

45 B/Sの見方 その②
——短期の支払能力は？——

B/Sの上半分に着目し、左右のバランスから1年以内の支払能力を見ようとするのが流動比率です。

●左右の比較で支払能力をチェックする

経営の安全性は、B/Sの左右のバランスから判断することができます。負債の支払能力を、短期と長期の両面からチェックすることで分析します。

●短期の支払能力は？

B/Sの上半分に着目します。左側に書かれているのが1年以内にお金になる流動資産です。一方、右側には1年以内に払わなければならない負債が書いてあります。さて左と右、どちらが大きいほうが安全といえるでしょうか。

正解は左です。右に対して、左が大きいほどよいということになります。これを比率で表したものが流動比率です。

$$\text{流動比率} = \frac{\text{流動資産}}{\text{流動負債}}$$

数値が大きいほど、この1年間における支払能力が高い、すなわち短期の安全性が高いことを示します。

右のB/Sの例では流動比率は65÷55で118%ということになります。日本企業の平均は120%前後ですが、少なくとも150%は欲しいところです。

「2対1の原則」と言われるように、200%以上が望ましいとされていますが、逆に高すぎるような場合は、遊休資産が多いとみなされる恐れもあり、企業買収の対象になる可能性が高くなります。

➡ 2対1の原則
流動資産2に対して流動負債1が望ましいという意味で、2対1の原則と呼んでいる

➡遊休資産
事業に使用する目的で購入したものの、何らかの理由で不稼動状態になっている資産をいう

■ B/Sで確認するべきポイント

$$\text{流動比率} = \frac{\text{流動資産}}{\text{流動負債}}$$

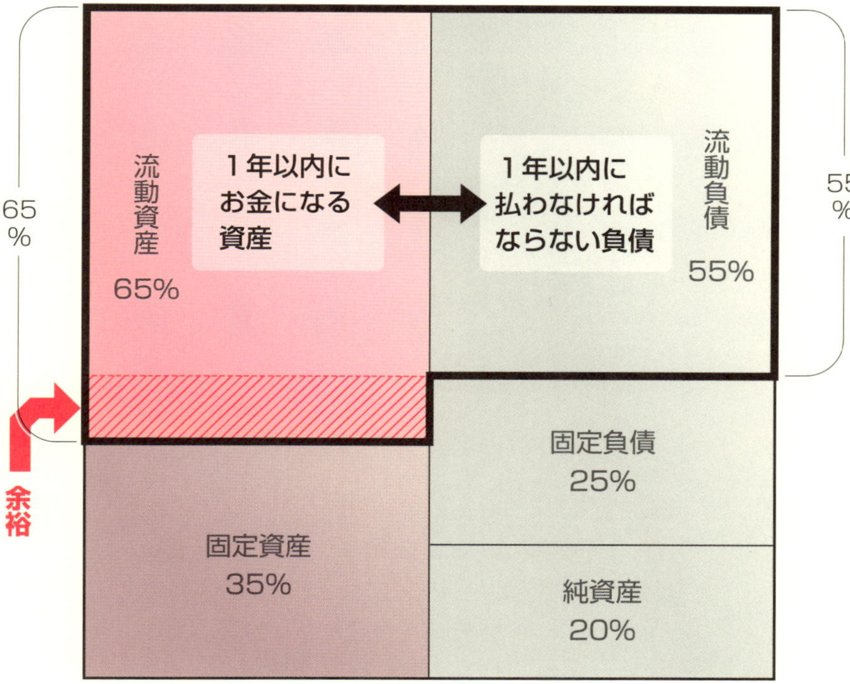

流動比率とは、
流動負債に対する流動資産の割合により、
1年以内の支払能力を見るもの

46 B/Sの見方　その③

——もっとシビアに支払い能力を見る——

在庫は除外して、よりシビアに左右のバランスを見ようとするのが当座比率です。

●在庫は要注意

流動比率だけで安全性を判断していると、思わぬ落とし穴にはまる危険があります。流動資産には1年以内にお金になるものとして、棚卸資産すなわち在庫も含まれているのですが、在庫がすべて良質なものとは限りません。しかも、在庫は外からは見えにくいだけに、何かとごまかしやすいのです。

そこで、この不確実な在庫は除外して、左右のバランスを見ようとしたものが当座比率です。よりシビアに支払能力を見ることになります。

●当座比率

流動資産の中から在庫を除いたものを「当座資産」と呼びます。現金、有価証券、金銭債権など、より確実にお金になる資産の集まりです。この当座資産を分子とし、分母に流動負債をおいて1年以内の支払い能力を計算したものが当座比率です。

➡金銭債権
金銭債権とは金銭の給付を目的とする債権をいい、具体的には、預金、受取手形、売掛金、貸付金などをいう

$$\text{当座比率} = \frac{\text{当座資産}}{\text{流動負債}}$$

当座比率は、「酸性試験比率」とも呼ばれ、金融機関などでは多用される指標の1つです。

右の例では当座比率は45÷55で82%ということになります。

当座比率が100%を超えていれば、かなり安心といえます。ただし、流動比率と同様、資産の中身により判断は異なってきますので、注意が必要です。

➡酸性試験比率
当座比率のことを英語で Acid test ratio ということがあるため、こう呼ばれている。より厳しいチェックという意味

■ B/Sで確認するべきポイント

$$\text{当座比率} = \frac{\text{当座資産}}{\text{流動負債}}$$

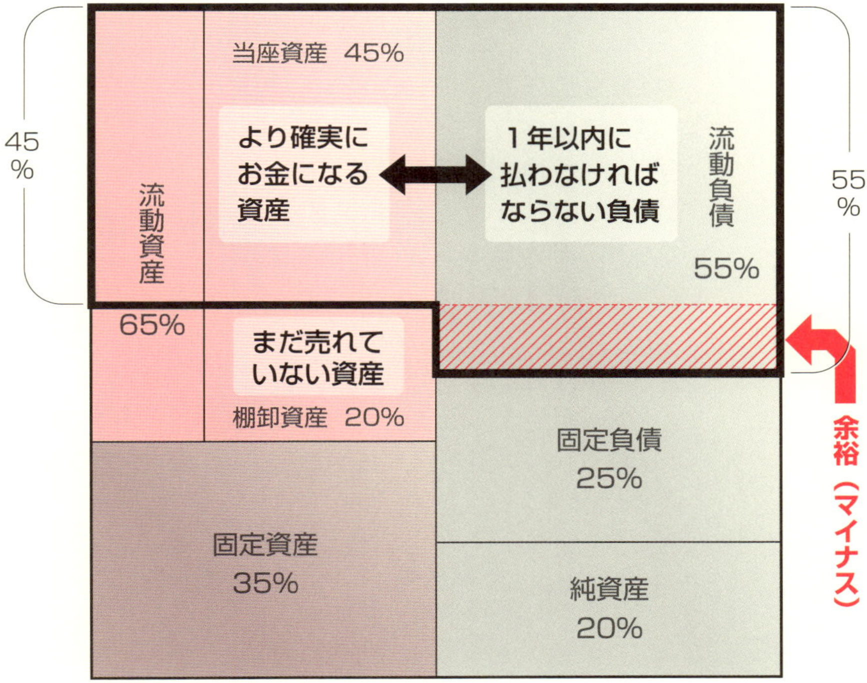

当座比率とは、
より確実に現金化できる当座資産と
流動負債を比べ、シビアに1年以内の
支払能力を見るもの

47 B/Sの見方 その④

——下半分で長期の支払能力を見る——

お金が寝てしまう設備などへの投資は、返す必要のない純資産の範囲内にあるのが望ましいといえます。

●B/Sの下半分に書かれているものは？

続いて、B/Sの下半分の左と右を見てみましょう。左側には固定資産が書かれています。固定資産は、財産としての価値はあるが支払には使えない状態にある資産です。支払には使えない状態のことを、「カネが寝る」とか「固定化する」と言ったりします。右側には純資産が書かれています。返さなくてよいお金です。

➡カネが寝る
カネが寝てしまう原因は固定資産だけではない。在庫をたくさんかかえた場合も、カネが寝るので要注意である

●左右のバランスを見る

お金が寝てしまう設備などへの投資は、返す必要のない純資産の範囲内にあるのが望ましいといえます。これを表したものが固定比率です。

$$固定比率＝\frac{固定資産}{純資産}$$

固定比率は、分母に純資産、分子に固定資産を持ってきます。

よい状態の場合は、固定資産より純資産のほうが大きいので、比率は100%以下となります。

右図のB/Sの例では、固定比率は35÷20で175%です。

一般には低いほどよいとされていますが、100%以下の場合は、純資産の余裕が他のどのような資産に回っているのか、100%以上の場合は、他のどのような調達方法で固定資産がまかなわれているのか、といったことを検討することも必要でしょう。

■ B/Sで確認するべきポイント

$$\text{固定比率} = \frac{\text{固定資産}}{\text{純資産}}$$

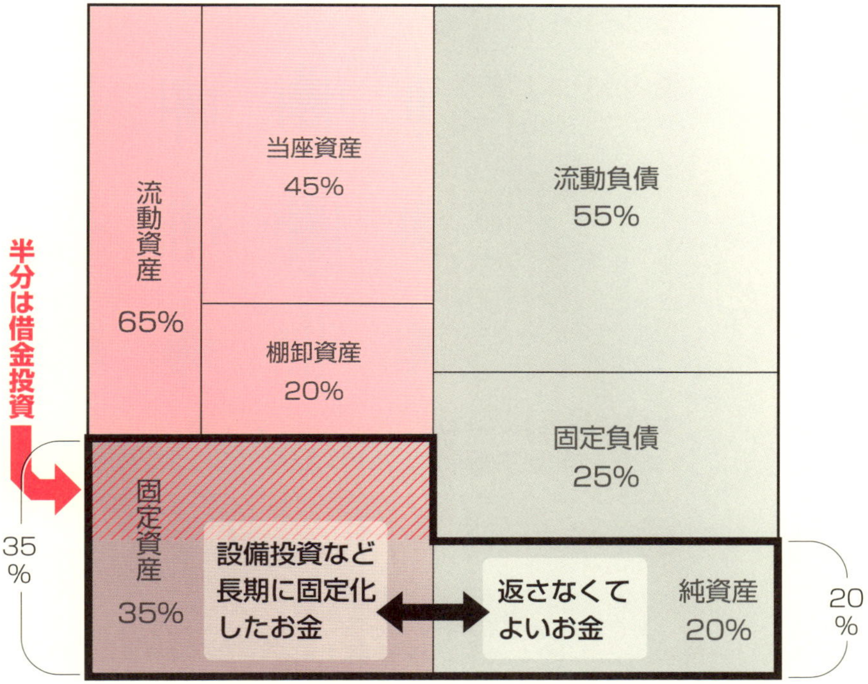

固定比率とは、
固定資産投資が、返す必要のない純資産で
まかなわれているかどうかを見る比率

48 B/Sの見方 その⑤

――実情に合わせ少し甘くする――

固定比率を少し甘くして、分母の純資産に固定負債も加えて、固定資産との割合を見ようとするのが、固定長期適合率です。

●固定比率は日本の企業には厳しい

多くの企業は、設備投資など固定資産への投資を純資産だけではまかなえず、銀行からの借入や社債の発行で資金を調達しています。先ほどの固定比率で日本の企業を見てみると、大半は100％を超えるばかりか、数百％というようなとんでもない数値になるところもあります。これでは判定のしようがないので、もう少し実態に合わせようという趣旨でできたのが固定長期適合率です。

➡借入・社債
銀行などの金融機関を介して、借入の形で資金を調達することを間接金融といい、自ら株式や社債を発行して、直接市場から資金を調達することを直接金融という

●純資産に固定負債を加えて計算する

純資産に固定負債を加え、その合計が固定資産をカバーしているかどうかを見ます。固定比率の分母に固定負債が加わった形になります。

$$\text{固定長期適合率}＝\frac{\text{固定資産}}{(\text{純資産}＋\text{固定負債})}$$

この比率も小さいほうがよいのですが、甘くしていることも考え合わせると、ぜひとも100％以下にしておきたい指標です。

右図のB/Sの例では固定長期適合率は35÷(20＋25)で78％になります。

この比率が高い場合は、短期借入金などの流動負債を固定資産購入に充てていることが考えられます。無理な固定資産投資をしていないか、チェックする必要があります。また、純資産の減少や、固定負債の急激な変化がないかどうかも、調べてみたほうがよいでしょう。

■ B/Sで確認するべきポイント

$$\text{固定長期適合率} = \frac{\text{固定資産}}{\text{純資産} + \text{固定負債}}$$

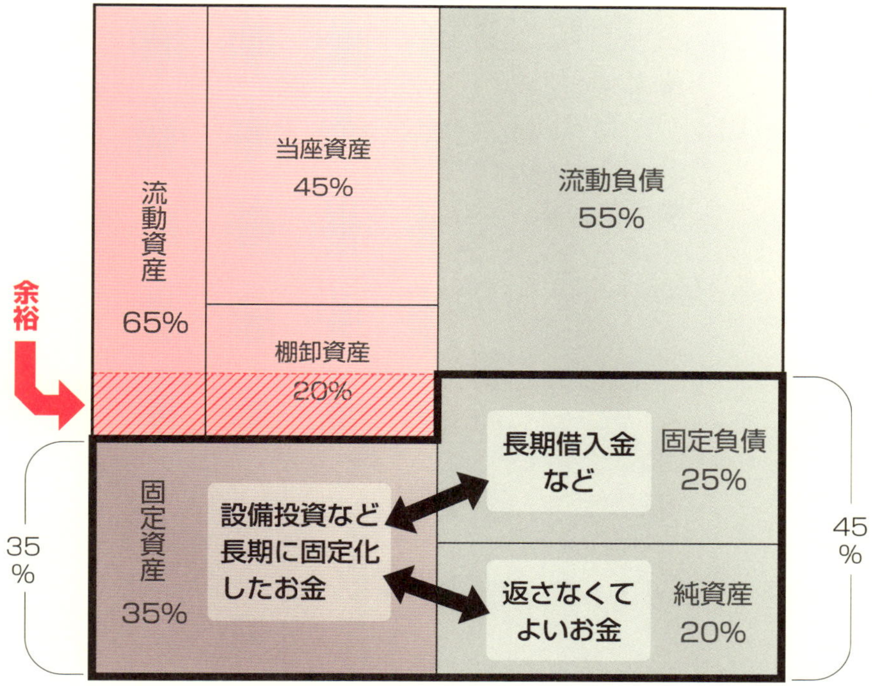

固定長期適合率とは、
純資産を超える固定資産投資が、
長期の借入金でまかなわれているか
どうかを見る比率

49 実際のB/Sを分析する

——S社とI社のB/Sを比較する——

大手小売業のS社とI社の100％B/S図を使って、両社の強みや弱みを分析してみましょう。

●純資産比率

S社53％に対して、I社は33％です。総合的な安全性の観点では、S社のほうが優れているということができます。

●流動比率

S社117％に対して、I社は114％です。ここではどちらも標準的な水準にあり、顕著な差は見られません。

●当座比率

S社73％に対してI社38％と、流動比率ではあまり差がありませんでしたが、当座比率で大きな差が出てきています。原因は棚卸資産にあるようです。

●固定比率

S社123％に対してI社176％と、固定比率でも大きな差が出ています。I社は攻めの経営の中で、借金を先行させてさまざまな投資をしてきていることから純資産比率が低く、それが固定比率を悪くさせていると推測できます。

➡攻めの経営
他社に先駆けて未知の市場に多額の資金を投入し、圧倒的なシェアを確保しながら事業を展開していくような経営スタイル

●固定長期適合率

S社が93％に対して、I社が92％です。現実的な長期の支払能力という観点では、あまり差はないようです。

同じ小売業大手とはいえ、財務体質はかなり違いがあることがわかります。確かに現在のような消費不況のもとでは、S社のほうが持久力があると考えられますが、環境が変われればまた見方も変わってくるかもしれません。経営環境に対してどちらに優位性があるのか、そのような眼で分析することが肝要でしょう。

➡消費不況
先行き不透明な中で、消費者の購買意欲が低下し、価格下落による売上減少、過当競争による供給過剰を招いて起きるような不況をいう

■ S社とI社のB/Sを分析する

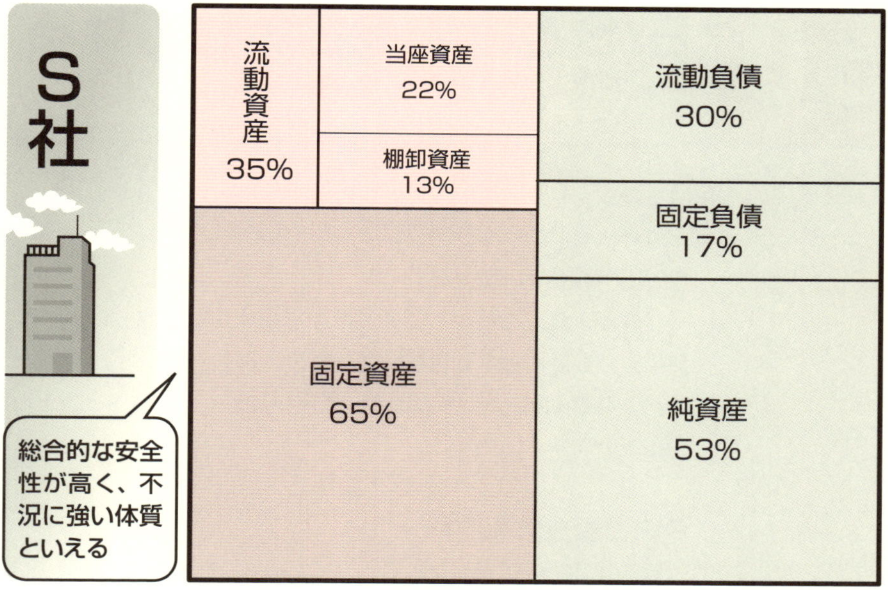
S社
流動資産
35%
当座資産
22%
棚卸資産
13%
固定資産
65%
流動負債
30%
固定負債
17%
純資産
53%
総合的な安全性が高く、不況に強い体質といえる

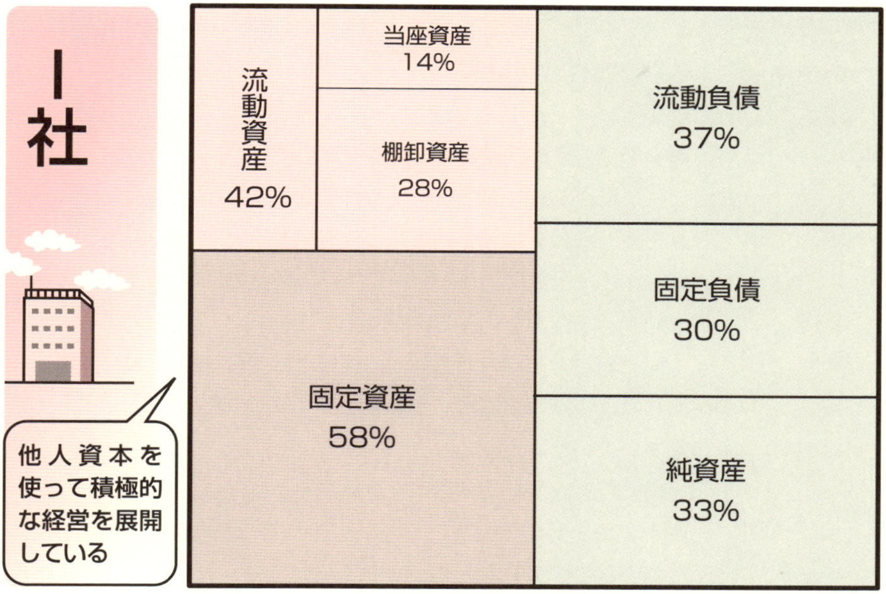
I社
流動資産
42%
当座資産
14%
棚卸資産
28%
固定資産
58%
流動負債
37%
固定負債
30%
純資産
33%
他人資本を使って積極的な経営を展開している

50 B/SとP/Lを合わせて見る
――ROAというとらえ方――

企業が持っている資産を、どの程度効率的に活用して利益に結びつけたかを示すものが、ROAです。

●経営効率の測り方

経営が、資産を使用して利益を生み出す作業であるとすれば、使用した資産に対する利益の割合でその効率を測ることができます。この考え方に基づく指標が、資産利益率（ROA：Return on Assets）です。

●総資産経常利益率

資産利益率の代表的なものとして、総資産経常利益率があります。企業が持っている総資産を、どの程度効率的に活用して経常利益に結びつけたかを示すもので、次の式で求めます。

$$\text{総資産経常利益率} = \frac{\text{経常利益}}{\text{総資産}}$$

●A社とB社　効率のよいのはどちら？

ここに、A社・B社のB/SとP/Lがあります。A社は80の総資産を使ってビジネスを展開し、経常利益10を稼ぎ出しました。一方、B社は総資産110を使って、経常利益は同じ10です。どちらが効率的な経営を行っているのでしょうか。

同じ利益を稼ぐのであれば、使用する資産は少ないほうがよく、同じだけの資産を使用するなら、より多くの利益を稼いだほうが、効率がよいといえます。

両社の総資産経常利益率を計算すると、A社は10÷80で12.5%、B社は10÷110で9.1%となり、A社のほうが経営効率において優っていると判断できます。

➡ ROAとROE
企業が使用した総資産がどの程度利益獲得に貢献したかを見るのがROA。
ROAの分母を株主資本に置き換えて、株主の立場から、投下した資本（株主資本）がどれだけのリターンを生み出したかを見るのがROE（Return on Equity）

※ROAは純利益を使って計算するケースが多いが、ここでは経常利益を使用した

資産利益率

ROA（Return on Assets）

$$\text{総資産経常利益率} = \frac{\text{経常利益}}{\text{総資産}}$$

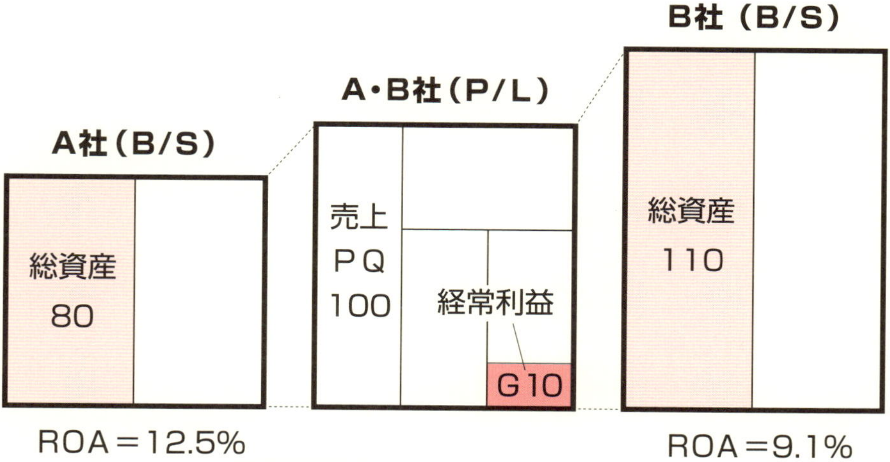

総資産経常利益率とは、
企業が使用する総資産が、
1年間にどれだけの
経常利益をあげたかを示す

51 回転を見る眼

——回転率と回転期間——

「回転」という新たな観点でB/Sを眺めてみると、これまでには見えなかったいろいろなものが見えてきます。

●回転を見る眼

これまではB/Sをストック（蓄積）の残高表としてとらえ、その構成割合やバランスを見ることで、経営のよし悪しを判断してきました。

ここからは、ストックの「回転」という新たな観点に立ち、別な角度からB/Sを眺めてみます。これまでには見えなかったいろいろなものが見えてきます。

➡回転という概念
お金を物に変えたら、それを寝かせず、すぐに販売しお金にする。このような繰り返しを回転と呼んでいる

●全体を見るときは回転率

総資産が何回転したのと同じだけの売上をあげたか、これを回転率と呼んでいます。売上高÷総資産で計算します。総資産額の2倍の売上をあげたなら2回転です。

回転率が高いということは、資産がよく動いて（回転して）売上に貢献したことを示し、逆に低いときは、動かない資産つまり無駄な資産や不稼働資産がある可能性を示します。資産全体の動きを分析するときは、回転率を使います。

●個別に見るときは回転期間

仮に回転率が低い場合、どの資産に問題があるかを個別に見抜く必要が出てきます。それには回転期間の観点が役立ちます。回転期間というのは、それぞれの資産が売上（月商）の何カ月分に相当する額になっているかを見るものです。特に売掛金や棚卸資産に着目してその期間を分析し、不良や不稼働を見つけることがポイントです。

➡回転期間の単位
ひと月を1単位とする場合が多いが、業種や取扱製品によっては、1週間や1日を1単位とすることもある

■ストックの回転という観点からB/Sを見る

回転率と回転期間

回転率

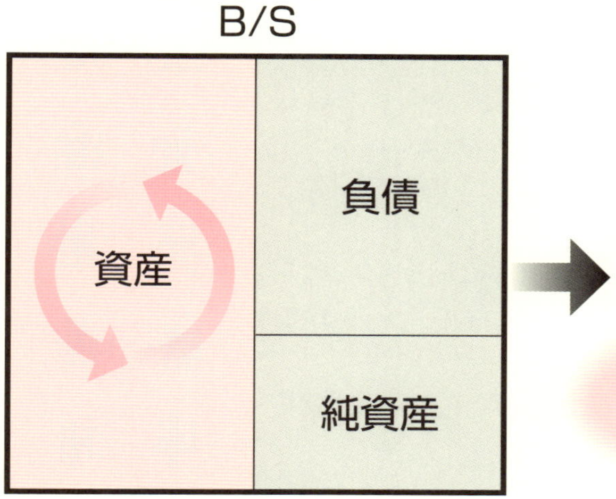

$$\frac{\text{売上高}}{\text{総資産}}$$

何回転分の売上をあげたか？

回転期間

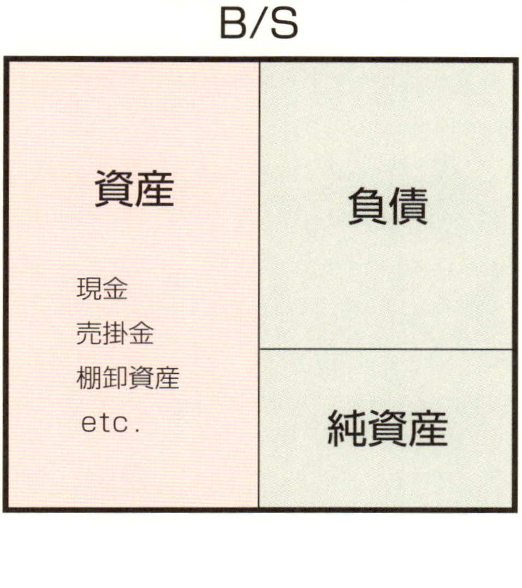

$$\frac{\text{各資産}}{\text{月商}}$$

月商の何カ月分相当を保有しているか？

52 回転期間とは

――売掛金の回転期間は取引条件を表す――

一定の取引条件で掛売りをしている場合、売掛金の回転期間は、取引条件（回収サイト）を表すことになります。

●売掛金の回転期間は何を表しているのか？

簡単なケースで考えてみましょう。

右の図のようなP/LとB/Sがあったとします。年間売上高が1,200ということは月商100です。この場合、売掛金の回転期間は何カ月でしょうか。答えは3カ月です。

ところで、これは何を表しているのでしょうか。

●売掛金のしくみ

例えば、ある商売をして毎月コンスタントに100万円の売上をあげていたとします。取引条件は3カ月サイトの掛売り、つまり販売した3カ月後に現金で支払ってもらう約束です。

➡（回収）サイト
売掛金が発生してから、現金回収されるまでの期間をサイトという

さて、1月に売り上げた100万円はいつ現金になるかというと、3カ月後の4月です。この3カ月間、B/Sには売掛金100万円と記帳されます。そして4月に現金入金があった時点で、売掛金100万円が現金100万円に書き換わるのです。

さて、この状態で商売は続いていくわけですが、任意のタイミングでB/Sを作ったら、売掛金はいくらになっているでしょうか。例えば3月中旬なら売掛金は300万円です。5月でも7月でも同様です。つまり、3カ月サイトの条件で取引をしていたら、その会社のB/S上の売掛金は、常に月商の3カ月分が記載されるのです（不良債権や長期滞留はないものとします）。

➡不良債権
相手方の業績不振などの理由により、回収することが困難な受取手形や売掛金をいう

売掛金の回転期間が取引条件（回収サイト）を表していることが理解できたと思います。

■ 回転期間が表わすもの

売掛金の回転期間は何カ月？

P/L

売上高	1,200	（月商 100）

B/S

資産		負債	
現金	100	買掛金	200
売掛金	300	借入金	500
棚卸資産	200	**純資産**	
固定資産	700	資本金	400
		剰余金	200
総資産	1,300	負債・純総資産	1,300

売掛金のしくみ

Ex. **月商100万円、取引条件：3カ月サイト（販売した3カ月後に回収）**

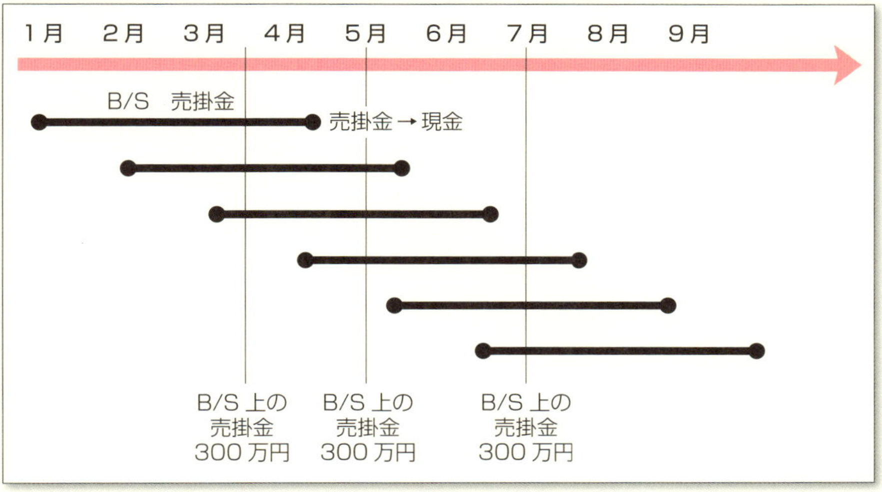

53 売掛金の回転期間をどう読むか

——回転期間を長くする要因——

売掛金の回転期間が長くなっている場合、その裏にはどのような事実が隠されているのでしょうか。

●売掛金の回転期間が長いということは

B/Sから割り出した売掛金の回転期間が、実際の業務での回収サイトより長い場合、あるいは前期に比べて当期の回転期間が顕著に長くなっているような場合、その裏にはどのような事実が隠されているのでしょうか。

まず、何らかの事情で販売してから回収するまでに、より多くの時間がかかってしまっていることが考えられます。その間、手元にお金が入ってこないわけですから、資金不足の危険が生じます。P/L上では売上が計上されて利益が出ていたとしても、手元にお金がなく支払が滞れば、会社は倒産してしまいます。

また、回収の見込みのない債権が、貸倒れの会計処理をされずに、そのまま正常な債権としてB/Sに残っている可能性も考えられます。貸倒損失が売掛金の中に隠されていると、表からは見えないため、これもたいへん危険なことです。

➡貸倒れの会計処理
実務では、実際に貸倒れが発生する前に、そのリスクの度合いに応じて、予め貸倒引当金という費用を計上することが認められている

●危険な状態に陥らないための対策

回転期間の長期化を防ぐためには、

①売掛金は1日でも早く回収し、現金を確保する

②危ないと思われる取引先の売掛金は放置しないで、早めに貸倒引当などの会計処理をし、危険を減らしておく

といった対策が考えられます。売掛金に対する感性を高めることが、結果として会社のリスクを減らすことになるのです。

■ 回転期間の長期化が招くもの

売掛金の回転期間が長いとどうなる？

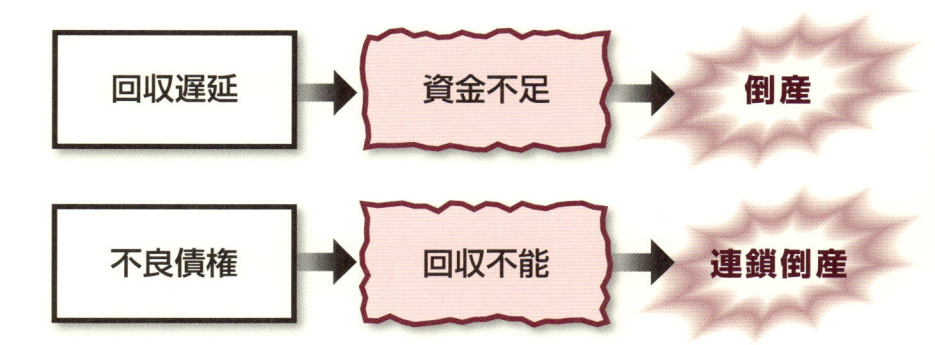

回収遅延 → 資金不足 → **倒産**

不良債権 → 回収不能 → **連鎖倒産**

対策

●売掛金は1日でも早く回収する

→売掛金回収期日管理の徹底

→営業第一線の努力による早期回収

●危ない債権を放置しない

→売上債権に対する感性を高める

→債権管理力向上のための教育研修

→迅速な会計処理

54 在庫の回転期間をどう読むか

――在庫の回転期間を長くする要因――

在庫の回転期間も考え方は売掛金と同様です。回転期間が長い場合は、どのような対策が求められるのでしょうか。

●在庫の回転期間は何を表しているのか

在庫の回転期間も売掛金と同様のロジックで、在庫が会社に滞留している期間を表すことになります。

右のケースでは、仕入れてから販売されるまでに2カ月かかっていることを示しています。

●在庫の回転期間はどう読むか？

在庫の回転期間が長い場合、原因としてどのようなことが考えられるでしょうか。

まず、売上不振でいつまでも製品が売れずに残っているということが想定されます。また、流行遅れや技術の陳腐化により、全く売れるあてのなくなった不良在庫が、廃棄処理されず、そのまま良質な資産として記載されていることも考えられます。いずれにしてもその間、お金が寝てしまうばかりか、損失が在庫の中に隠されて真の姿が見えなくなります。また、在庫を購入した資金が借りたものであれば、金利がずっとかかり続けるのです。

在庫の回転期間長期化は、コストの増加や資金不足を招き、倒産の可能性を高くすることにつながります。

●対策

日常の対策としては、在庫は必要最小限にするということに尽きます。その分、余計なお金は不要ですからコストが減ります。

また、不良在庫は早期に損失の処理をするべきです。正しい実態を開示することで、信用が維持され、危険も減ることでしょう。

➡陳腐化
商品や技術が、新製品の発表や技術革新などで、時代遅れになったり流行遅れになったりして、価値がなくなってしまうこと

➡不良在庫の会計処理
商品の劣化や陳腐化による価値の減少は、棚卸し評価損という形で処理し、不良在庫を廃棄するようなときは、棚卸し減耗損として処理するのが一般的である

■ 在庫の回転期間長期化が招くもの

在庫の回転期間は何カ月？

P/L

売上高……1,200　（月商 100）

B/S

資産		負債	
現金	100	買掛金	200
売掛金	300	借入金	500
棚卸資産	200	**純資産**	
固定資産	700	資本金	400
		剰余金	200
総資産	1,300	負債・純総資産	1,300

在庫の回転期間が長いとどうなる？

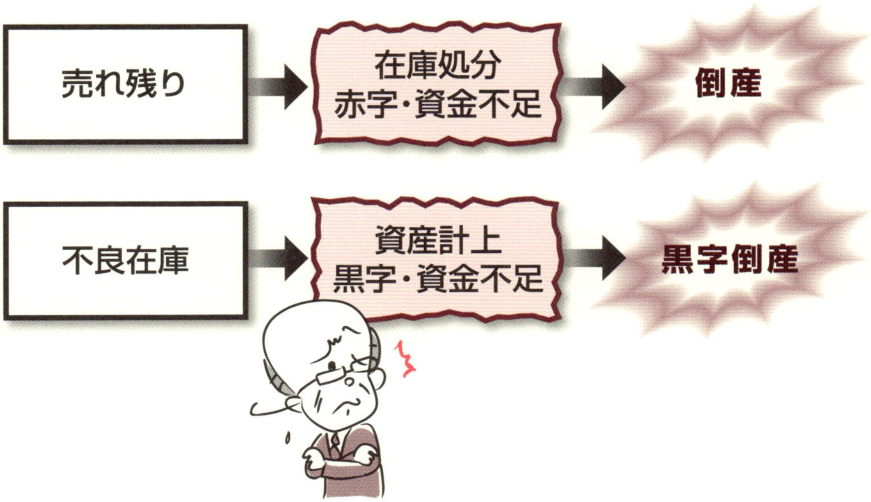

55 運転資金はいくら必要か

――回転期間差から必要資金を求める――

売上債権回転期間と棚卸資産回転期間は資金を減らす要因となり、買入債務回転期間は資金を増やす要因となります。

●買掛金の回転期間は何を表わしているのか

買掛金は売掛金の裏返しと考えればよく、その原理は同じです。買掛金の回転期間が、仕入支払のサイト（購入してから支払うまでの期間）を表します。

買掛金の回転期間が長くなるということは、支払が遅くなるということですから、その分現金は長く手元にとどまり、資金を増やす結果となります。

●回転期間差とは？

売掛金や受取手形などを総称して売上債権といいます。また、買掛金や支払手形などを総称して買入債務といいます。

売上債権回転期間と棚卸資産（在庫）回転期間は資金を減らす要因となり、買入債務回転期間は資金を増やす要因となります。

この差し引きを、回転期間差と呼んでいます。

➡回転期間差の妙
小売業などのように、販売は現金、仕入は掛けという場合は、売買の回転期間差による資金余裕が生じる。現金商売の強みといえる

●運転資金はいくら必要か

一般的なケースで考えてみましょう。仮に売上債権回転期間と買入債務回転期間が同じ長さだとしたら、棚卸資産回転期間分だけ資金が不足することになり、回転期間差はマイナスになります。平均月商にこのマイナス月数をかけ算すれば、常時これだけ資金が必要という金額が出ます。これが運転資金と呼ばれるものです。

運転資金は、手持ちの現金か借入金で賄わなければなりません。それだけの現金を準備していなければ、運転（円滑にビジネスを回すこと）ができないという意味です。

■運転資金に必要な金額は?

回転期間から見えるもの

回転期間差資金とは

＋ 売上債権回転期間 3カ月

＋ 棚卸資産回転期間 2カ月

（上記2つ）→ 資金を減少させる要因

－ 買入債務回転期間 3カ月 → 資金を増加させる要因

＝ 回転期間差資金 2カ月 …… 必要な運転資金

回転期間差分だけの
資金を準備しなければ
運転ができない

56 なぜ、キャッシュフローが注目されるのか

――経営活動をキャッシュベースでとらえる――

会社が潰れるのはキャッシュがなくなった時です。赤字だからといって潰れるとは限らず、逆に黒字でも潰れることがあるのです。

●会社の生死はキャッシュ次第

AMG研修の初期に必ずといっていいほど見られるのが、販売競争に負けて損益計算書（P/L）が大赤字になりそうだと判明した瞬間、「倒産だー！」と両手を上げて降参する参加者の姿です。

しかし、期を重ねるにつれて、会社が潰れるのはキャッシュがなくなった時であって、赤字だからといって潰れるとは限らない、逆に黒字でも倒産することがある、問題はキャッシュがあるかないかだ、ということがわかってくるのです。

● B/S・P/L だけでは経営の舵取りはできない

第3章30で説明した通り、貸借対照表(B/S)とP/Lは、発生主義、期間損益計算という会計ルールに従って作られています。このことが、いわゆる「黒字倒産」を発生させたり、また、ルールを逆手にとった「利益操作」を許す要因ともなっています。

このようなことを防ぐため、欧米では早くから経営活動をキャッシュベースでとらえる方法が確立されてきました。しかし日本はというと、かつての「日本型金融システム」における銀行の庇護のもと、黒字さえ出していれば、経営者も社員もあまりキャッシュのことを気にせず、ビジネスを行うことができたため、キャッシュに対する感性が十分磨かれなかったことは否めません。

しかし、バブル崩壊以降の景気の長期低迷や、世界同時不況など幾多の経験を経て、あらためてB/S・P/Lだけでは経営の舵取りはできないことを痛感し、キャッシュフローに注目が集まるようになったのです。

➡利益操作
会計のルールを逆手に利用して、利益を大きく見せたり、小さく見せたりすることを利益操作という

➡日本型金融システム
保護行政という国策を背景に、銀行へ個人の資金を大量に集積し、それを積極的に産業界へ貸し出すことで目覚しい経済成長を実現した、かつての日本の金融制度をいう

■なぜキャッシュフローなのか

●AMG研修初期によく見られる光景

◉企業の生死は、キャッシュフロー次第

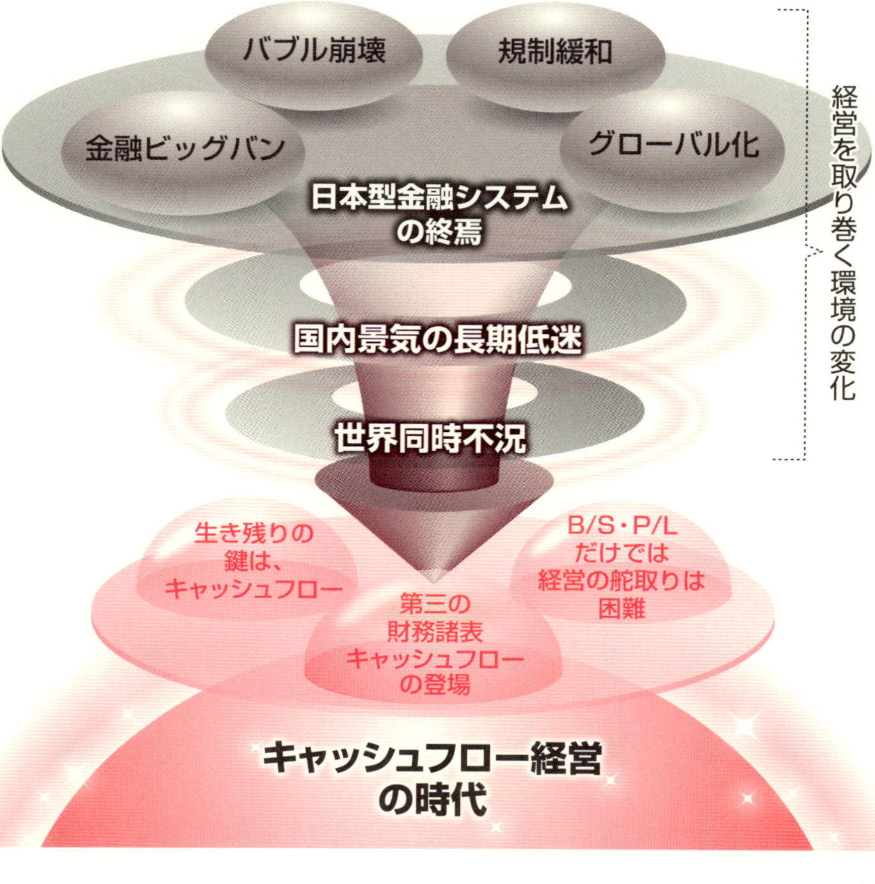

57 黒字倒産のメカニズム
——キャッシュと損益を対比してみる——

P/L では、売掛金の増加や在庫の増加による資金不足が表れません。これが黒字倒産を起こす要因となっています。

●キャッシュと損益を対比してみる

簡単なケースを使って、キャッシュと損益を対比してみましょう。次のような条件でビジネスを始めたとします。

・B商品の仕入価格　1台14万円、支払は翌月末

・B商品の販売価格　1台22万円、回収は翌々月末

・毎月の諸経費は30万円

4月に商売を始め、まず商品を5台（70万円）仕入れたところ、うまくその月に完売しました。5月は10台仕入れ、そのうち8台が売れました。6月は思い切って15台仕入れましたが、6台しか売れませんでした。7月は仕入を少し抑え4台とし、8台を販売しました。この4カ月の活動をもとに、毎月のキャッシュフロー計算書（C/S）とP/Lを作ってみると、右のようになります。

●黒字でもキャッシュは大きなマイナス

C/SとP/Lを上下に並べてみると、P/Lでは4カ月間で96万円の利益が出ていますが、C/Sは254万円ものマイナスです。この254万円を手元の資金でまかなえないときは、不足分を銀行から借りなければなりません。もし銀行が貸してくれなければ、会社は倒産です。

P/Lでは、売掛金の増加や在庫の増加による資金不足が表れません。利益が出ているにもかかわらず、キャッシュが不足して倒産に至る「黒字倒産」は、このようなメカニズムで起きるのです。

➡黒字倒産
P/Lでは黒字なのに、あるとき資金がショートして倒産してしまうこと。「勘定合って銭足らず」といわれる

■掛け取引を2つの視点で見る

●キャッシュフロー計算書（C/S）

勘定科目	4月	5月	6月	7月	合計
売掛金	5台／110	8台／176	6台／132	8台／176	27台／594
買掛金	5台／70	10台／140	15台／210	4台／56	34台／476
売掛金入金			5台／110	8台／176	13台／286
買掛金支払		5台／70	10台／140	15台／210	30台／420
諸経費支払	30	30	30	30	120
キャッシュフロー	▲30	▲100	▲60	▲64	▲254

▲はマイナス

●損益計算書（P/L）

勘定科目	4月	5月	6月	7月	合計
売上高	5台／110	8台／176	6台／132	8台／176	27台／594
売上原価	5台／70	8台／112	6台／84	8台／112	27台／378
諸経費	30	30	30	30	120
利益	10	34	18	34	96

売掛金の滞留と、在庫の増加が
キャッシュを減らしている

58 キャッシュフローとは

――キャッシュ（現金）の流れのこと――

キャッシュフローとは、会計の世界では「お金の出入り」と、その結果である「現金残高」の両方を指します。

●キャッシュフローとは

キャッシュフローとは、読んで字のごとくキャッシュの流れのことですが、会計の世界では、「お金の出入り」とその結果である「現金残高」の両方を指します。

決して難しい概念ではなく、物を販売したり銀行から借入をしてお金が入ってくると「キャッシュインフロー」（入金）、仕入や設備の支払などでお金を払ったら「キャッシュアウトフロー」（出金）となります。

掛取引が当たり前の現代のビジネスでは、販売や購入のタイミングと、実際の入出金のタイミングは異なるため、キャッシュの流れが意外と見えないのです。しかし、キャッシュフローを見ないで経営することはできません。会社の命運はキャッシュにかかっているのですから。

●日本にも昔からあったキャッシュフローの考え方

かつての日本ではキャッシュフローをあまり気にする必要はありませんでした。とはいっても、日本にも古くから「資金繰り表」「資金移動表」「資金運用表」といったキャッシュを管理する考え方がありました。決して、日本の会計がこれまでキャッシュフローを軽視していたわけではありません。

ただ、現在のキャッシュフローは、世界規模での会計情報の整備の流れの中で共通化が図られているもので、キャッシュの動きの開示のみならず、株価分析や企業価値の考え方にも密接に結びついている点が大きな特徴です。

➡資金繰り表
毎日、毎週、毎月の現金の入金と出金を書き込み、支払のタイミングを把握する表

➡資金移動表
直接法のC/Sに近いもの。キャッシュの動きを「経常収支」「特別損益収支」「設備関係収支」「決算関係収支」「財務収支」の５パートに分けて記録する

➡資金運用表
連続する２つの期のB/Sの、各項目の増減額を左右見比べることで、資金の出どころと行き先を把握する表

■ キャッシュフローと利益は何が違うのか

利益 ＝ 収益 － 費用

キャッシュフロー ＝ 収入 － 支出

収入	支出
（キャッシュインフロー）	（キャッシュアウトフロー）
売上入金	仕入支払
銀行借入	経費支払
設備売却	借入金返済
増資	設備購入
etc.	etc.

利益があっても
キャッシュがなければ
会社は倒産する

↓

キャッシュフローの
管理が重要

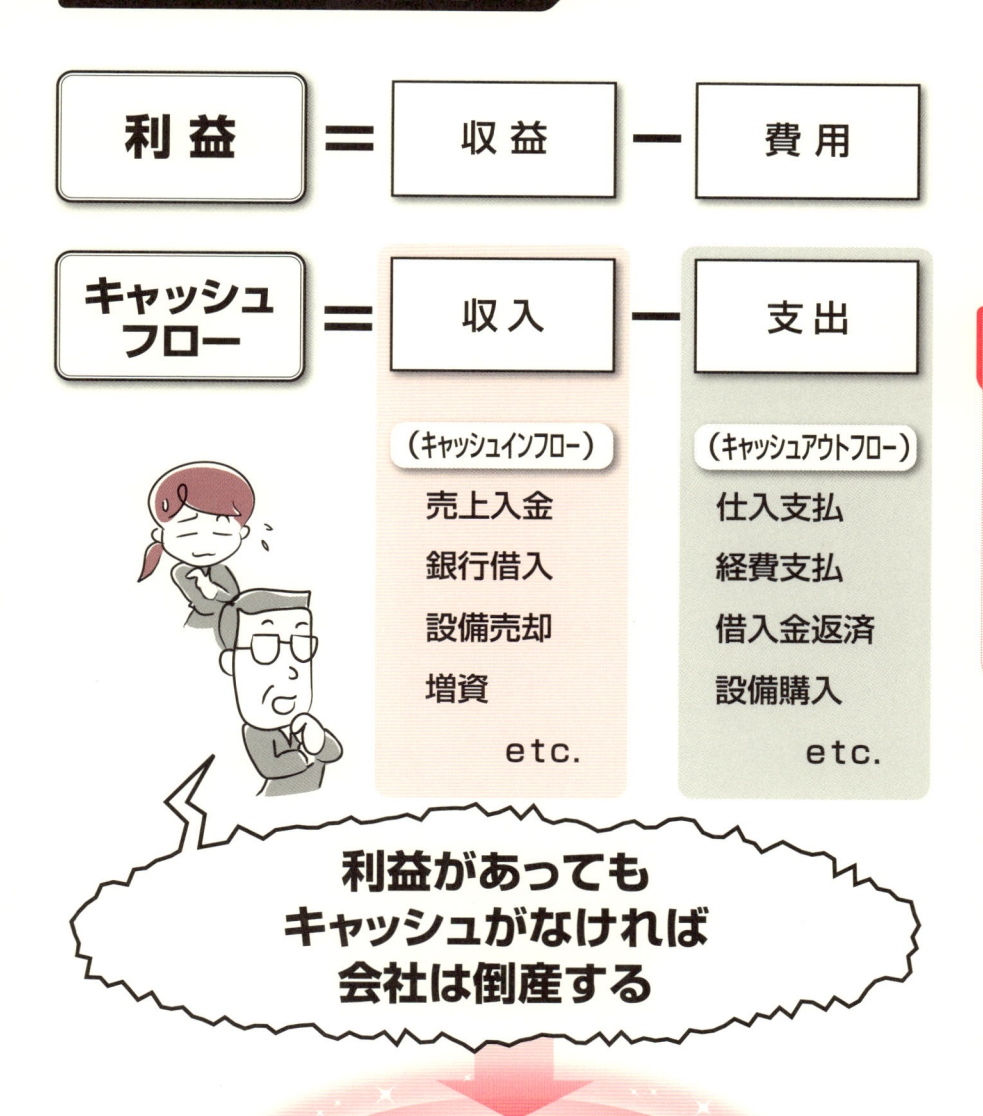

59 C/Sの基本

――キャッシュの動きを3つに分ける――

C/S はキャッシュの動きを書いたもので、現金出納帳や資金繰り表と本質的には同じものといえます。

● C/S

キャッシュフロー計算書（C/S）は、期首のキャッシュ残高をスタートとして、その期間中にキャッシュがどのように増減し、期末のキャッシュ残高に至ったかを示す表です。その意味では、現金出納帳や、資金繰り表と本質的には同じものです。

ただし、キャッシュといっても現金だけではなく、それに近いものも含まれますので、現金出納帳や資金繰り表がそのままC/Sになるわけではありません。

➡現金出納帳
現金の収入と支出を、日付順、発生順に日々記録する会計帳簿の１つ

●そもそもキャッシュとは

C/Sにおけるキャッシュは「現金および現金同等物」とされています。

ここでいう「現金」とは、文字通りの現金と、要求払預金と呼ばれる、いつでもおろせる預金（普通預金、当座預金、通知預金など）を含みます。

「現金同等物」とは、現金とほとんど同じものという意味で、簡単に換金でき、価値変動のリスクの少ないものとされており、小切手や３カ月以内の定期預金などが該当します。

➡要求払預金
預入期間が決められてなく、預金者の要求でいつでもおろせる預金のこと。これに対し、期間の定めがあるものは定期性預金という

● ３つに分けて書かれているところがミソ

C/Sの最大の特長は、営業活動、投資活動、財務活動の3つに分けて、キャッシュの出入りを明らかにしている点です。これにより、キャッシュの動きがよりわかりやすくなるのです。

■ C/Sとは何か

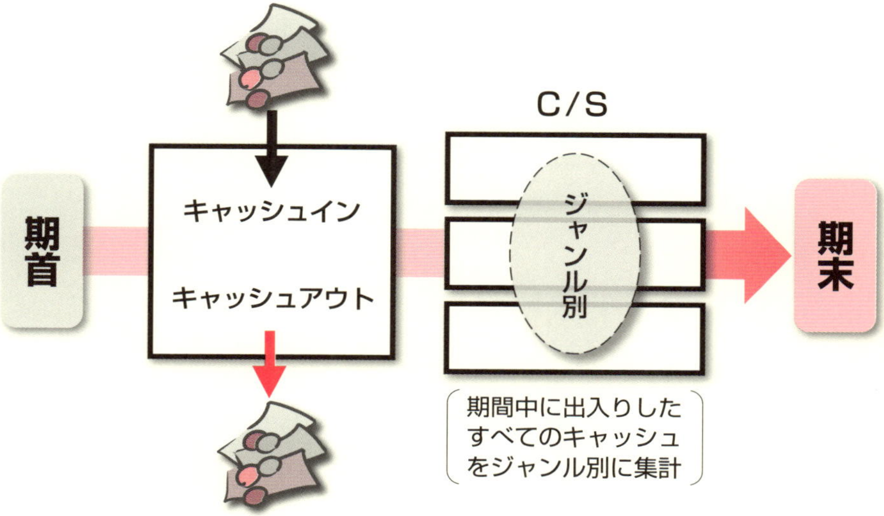

① 現金

●**手元の現金**

円貨、外貨

●**要求払預金**

当座預金

普通預金

通知預金

② 現金同等物

簡単に換金でき、
価値変動リスクの少ないもの

●**小切手**

●**定期預金**

（3カ月以内）

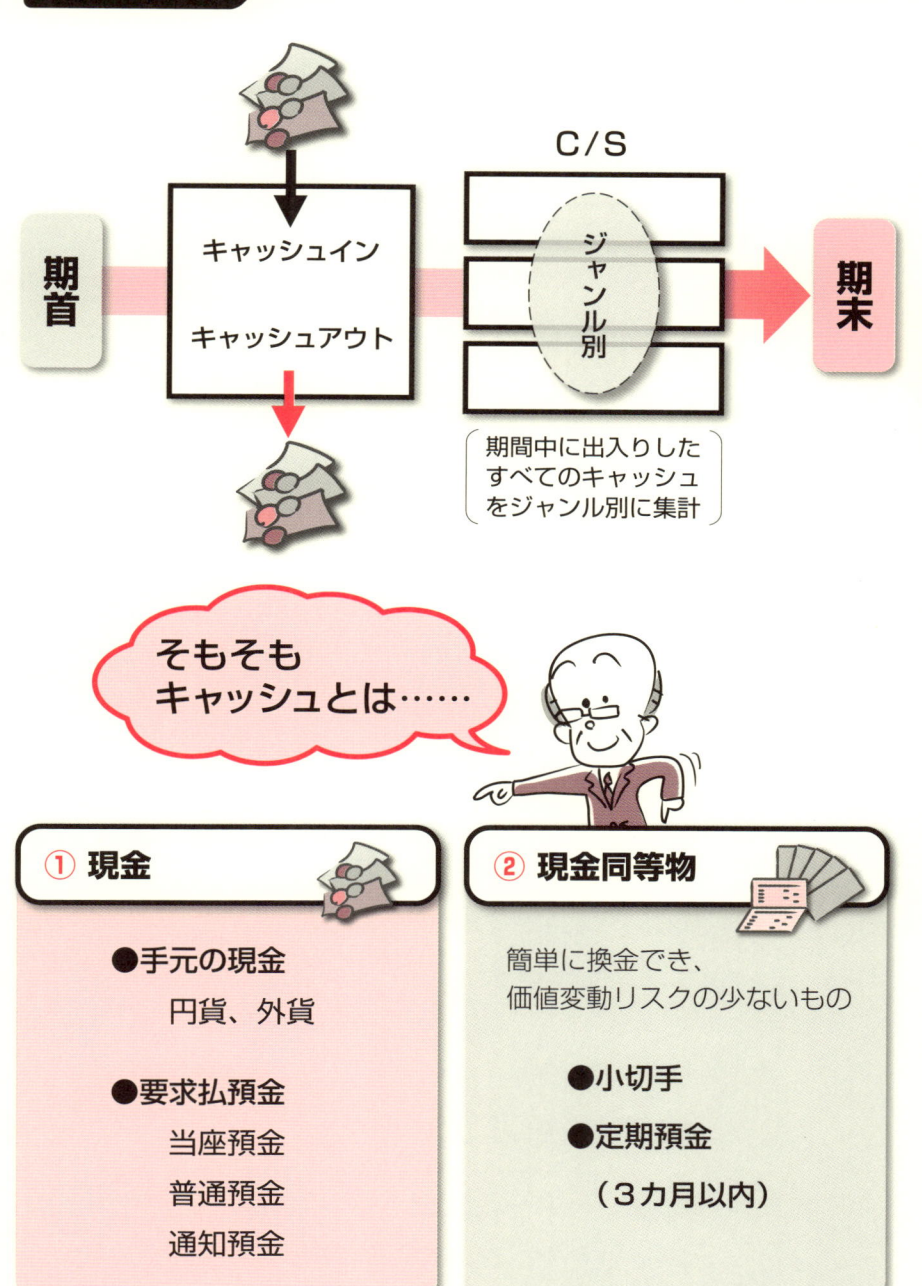

60 C/Sの3つの区分

――営業、投資、財務の3つに分ける――

キャッシュの動きを3つに区分して集計することで、経営の実態をより詳しくとらえることができます。

➡ 3つの区分
キャッシュフローを3つの区分のどこに記載するかは、そのキャッシュフローがどの活動と密接に関連しているかによって判定する

●営業キャッシュフロー

営業キャッシュフローとは、普段の営業活動の中で発生するキャッシュの出入りのことをいい、販売による収入や、仕入、経費の支払のための支出が該当します。また、税金支払のように、他のキャッシュフローに区分されないものも含まれます。

営業キャッシュフローを見ることで、1年間の営業活動でどれだけキャッシュの出入りがあり、最終的にいくらキャッシュを増減させたかがわかります。

本来の企業活動の中から生み出すキャッシュという意味では、利益に近いもので、これがプラスになっていることが健全な経営の条件といえます。

●投資キャッシュフロー

投資キャッシュフローとは、将来のための投資や、資金運用を目的として発生するキャッシュの出入りのことです。投資キャッシュフローを見ることで、設備投資や新規事業への投資の状況がわかり、経営戦略や今後の成長を探る上で参考となる情報が得られます。

●財務キャッシュフロー

この2つのキャッシュフローのプラス・マイナスを調整するのが財務キャッシュフローです。不足したときは借入、余ったときは返済といった、お金の最終的な帳尻合わせの様子が明らかになります。

■3つのキャッシュフロー

C/Sの構造

[営業キャッシュフロー]

営業活動からの
キャッシュフローの増減

売上代金入金
仕入支払
経費支払など

営業活動でいくらキャッシュを増やしたか

＋

[投資キャッシュフロー]

投資活動からの
キャッシュフローの増減

固定資産取得・売却
有価証券取得・売却
貸付・回収

投資に使った額はいくらか

＋

[財務キャッシュフロー]

財務活動からの
キャッシュフローの増減

借入・借入返済
社債発行・償還
株式発行
自己株式取得

お金の過不足はどう調整したか

＝

全体のキャッシュフローの増減

61 営業キャッシュフロー
――直接法と間接法――

キャッシュの動きを直接追ってC/Sを作成するのが直接法、B/SとP/Lから逆算して作成するのが間接法です。

●直接法はダイレクトにキャッシュを集計

3つのキャッシュフローのうち、営業キャッシュフローについては、直接法と間接法という2通りの作り方があります。

直接法はキャッシュの動きを直接追って集計していくもので、従来の資金繰り表に近い考え方といえます。経営活動とその記録のつながりがわかりやすいのが利点です。

AMGで使用する第1表 資金繰表（右の上の図）は、売掛金台帳と、直接法によるC/Sの2つの表で構成されています。C/Sはゲーム中、資金繰表として機能します。

➡直接法と間接法
直接法は、キャッシュの動きがダイレクトにつかめるという利点があり、間接法は、P/Lとキャッシュの関係がわかりやすいという利点がある

● B/SとP/Lから逆算して作る間接法

直接法によるC/Sの作成は、実務的にはたいへん煩雑で、連結であればさらに手間がかかることもあって、多くの企業は間接法を採用しています。B/SとP/Lを作成した後、そこから間接的にC/Sを作成するのが間接法です。

一般にはP/Lの税引前当期純利益からスタートし、収益・費用の中で実際のキャッシュの増減を伴わないものを差し引きします。さらにB/S中の、営業に関係する資産と負債の増減を加減算すると、直接法と同様にキャッシュの残高がわかるのです。

間接法による営業キャッシュフローの計算は、従来の「資金運用表」のロジックに近いものといえます。AMGでは、第2表 決算フローシート（右の下の図）によりB/S、P/Lを完成させた後、手順に従って、キャッシュの動きに影響を与える勘定の加減算を行っていくことで、簡単に間接法C/Sを作成できます。

■ 営業キャッシュフローの2種の作成法

直接法　現金の動きをダイレクトに記帳

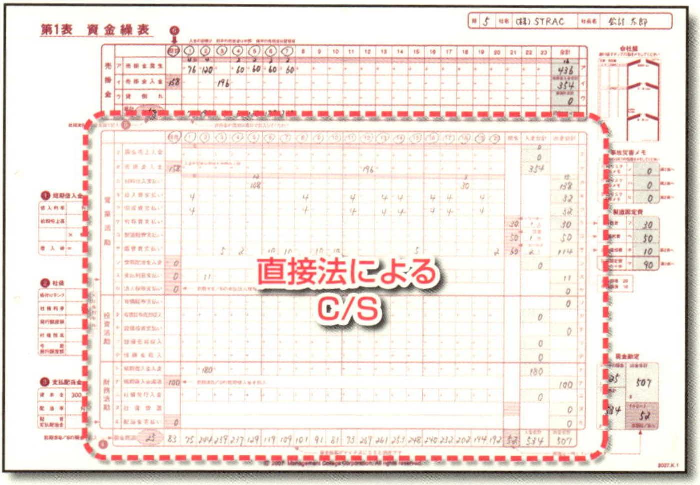

AMG 第 1 表　資金繰表（キャッシュフロー計算書）

間接法　B/S・P/Lから逆算して作成

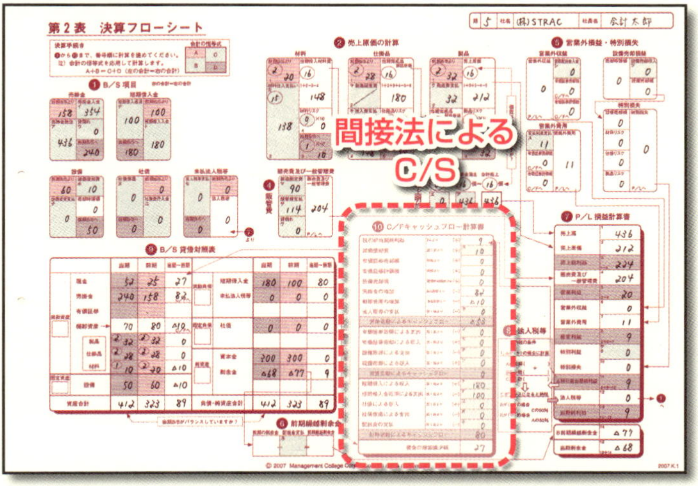

AMG 第 2 表　決算フローシート

62 P/L中の非キャッシュ項目の調整

——キャッシュの増減を伴わない収益・費用——

P/Lの中にはキャッシュの増減を伴わない収益・費用が含まれています。これらを非キャッシュ項目と呼びます。

●キャッシュの増減を伴わない収益・費用

キャッシュ計算のスタートである税引前当期純利益は、確かにこの1年間に稼いだ利益ですが、実際にはキャッシュの期末残高とは一致しません。なぜなら、P/Lの中にはキャッシュの増減を伴わない収益・費用が含まれているからです。これらを非キャッシュ項目と呼び、キャッシュを計算する際には、この非キャッシュ項目のプラスマイナス調整が必要なのです。

●非キャッシュ項目の足し戻し、引き戻し

P/L中の非キャッシュ項目として、最初に目に付くのが「減価償却費」です。「減価償却費」は第3章34で説明したとおり、過去に支払った固定資産の購入代金を、使用期間に計算上割り振って費用計上しているだけで、実際にその金額を支払っているわけではありません。ということは期末には減価償却費分だけ、利益よりもキャッシュが多く残っているはずです。そこで、その分をプラスするのです。これを「足し戻す」といいます。

各種引当金の「繰入れ」や「戻入れ」も帳簿上だけのことですから、「繰入れ」つまり費用計上分は足し戻し、「戻入れ」つまり収益計上分は引き戻します。

有価証券売買取引、固定資産売買取引は、投資キャッシュフローで計算する項目ですので、売却益や売却損がP/Lに計上されていれば、その分はそれぞれ戻し計算をして営業キャッシュフローから除きます。

➡各種引当金
引当金とは、将来の特定の損失に備えるために予め費用を計上すること

➡引当金の繰入れ
引当金として計上し、費用を発生させることをいう

➡引当金の戻入れ
予想していた損失が発生しなかったり、損失額が少なかったとき、予想との差分を利益として戻すことをいう

■ P/L中の非キャッシュ項目とは

キャッシュの出入りを伴わない費用を調整する

減価償却費	実際にキャッシュが出るわけではない費用		足し戻す（＋）
引当金	実際にキャッシュが出るわけではない費用	**繰入れ**	足し戻す（＋）
		戻入れ	引き戻す（－）
有価証券	投資キャッシュフローで計算する項目	**売却益**	引き戻す（－）
		売却損	足し戻す（＋）
固定資産	投資キャッシュフローで計算する項目	**売却益**	引き戻す（－）
		売却損	足し戻す（＋）

63 B/S中の非キャッシュ項目の調整

――ストックの変化はキャッシュに影響する――

B/S 中の非キャッシュ項目調整は、営業活動に関係する勘定科目の期間中の増減に着目して加減算をします。

●資産・負債の増減とキャッシュフローの関係

B/Sはストックの表だから、キャッシュフローには関係ないと思ってしまいがちですが、そんなことはありません。ストックの変化は、当然キャッシュフローに影響します。

例えば、売上が急増したけれどもまだ回収ができていないようなとき、B/Sの売掛金残高は急増します。P/L上では売上増加に伴い利益も増えますが、手元にキャッシュはありません。キャッシュフローを計算するには、売掛金の増加分だけ利益から引き算しなければならないのです。

棚卸資産（在庫）が増えた場合はどうでしょう。その分お金が在庫に姿を変えるわけですから、手元のキャッシュが減ります。棚卸資産の増加分も引き算する必要があります。

負債の側にある買掛金は、売掛金の裏返しと考えれば、買掛金の増加はキャッシュを増やすことがわかります。

資産の増加はキャッシュを減らし、負債の増加はキャッシュを増やすのです。

● B/S 中の非キャッシュ項目

B/S中の非キャッシュ項目の主なものとして、資産側には「受取手形」「売掛金」（まとめて売上債権と呼びます）、「棚卸資産」があります。負債側には、「支払手形」「買掛金」（まとめて買入債務と呼びます）があります。このほか、前払費用、前受収益、未払法人税など、営業活動にかかわると考えられるものが非キャッシュ項目です。

➡前払費用
ある契約のもとに、継続して役務の提供を受ける場合、まだ提供されていない役務に対して先に支払った対価をいう。これは次期以降の費用となるものなので、B/Sの資産の部に計上する

➡前受収益
ある契約のもとに、継続して役務を提供する場合、まだ提供していない役務に対し先にもらい受けた対価をいう。これは次期以降の収益となるものなのでB/Sの負債の部に計上する

■ B/S中の非キャッシュ項目とは

ストックの変化はキャッシュに影響する

売上債権の増加

受取手形、売掛金の増加は
キャッシュを減らす

→ 引き戻す（－）

棚卸資産の増加

在庫（商品・製品、仕掛品、材料）
の増加はキャッシュを減らす

→ 引き戻す（－）

買入債務の増加

支払手形、買掛金の増加は
キャッシュを増やす

→ 足し戻す（＋）

**このほか、前払費用、前受収益、未払法人税など、
営業活動にかかわるものは非キャッシュ項目である**

64 投資キャッシュフローの中身
——投資活動に伴うキャッシュの出入り——

固定資産の取得による支出と、売却による収入の両方があった場合は、相殺するのではなく、それぞれ総額を記載します。

●投資キャッシュフローとは

投資活動に伴うキャッシュの出入りを、投資キャッシュフローと呼んでいます。具体的には以下のようなものがあります。

①土地・建物など固定資産の購入による支出、売却による収入
②資金運用目的の有価証券（現金同等物に含めていないもの）の取得による支出、売却による収入
③貸付による支出、貸付金回収による収入（子会社への投資や新規事業への投資による支出なども含む）

●総額で記載する

投資活動によるキャッシュフローは、原則として総額で記載しなければなりません。例えば、固定資産の取得による支出と、売却による収入の両方があった場合は、相殺するのではなく、それぞれ総額を記載します。

➡総額
入金と出金の両方があった場合、どちらも全額を記帳するようなやり方

➡相殺
入金と出金の両方があった場合、それを合算して差し引き分だけを記帳するようなやり方

●投資キャッシュフローはプラスがいいのか？

投資キャッシュフローはプラスがいいのでしょうか。成長途上の企業の場合、設備購入や新規出店などの投資が先行することが多いため、投資キャッシュフローはマイナスになります。逆に、業績不振で固定資産を切り売りしているような場合はプラスになります。投資キャッシュフローについては、一概にプラスであればいいということではなく、中身次第ということになります。

営業キャッシュフローのプラスの範囲内に、投資キャッシュフローのマイナスが収まっていれば、健全とみてよいでしょう。

■投資キャッシュフローとは

固定資産の購入　（－）キャッシュを減らす
固定資産の売却　（＋）キャッシュを増やす

＋

投資有価証券の購入　（－）キャッシュを減らす
投資有価証券の売却　（＋）キャッシュを増やす

＋

貸付の実行　（－）キャッシュを減らす
貸付金の回収　（＋）キャッシュを増やす

＝

投資活動によるキャッシュフロー

65 財務キャッシュフローの中身

——原則として、総額で記載する——

営業活動や投資活動の結果として生じるキャッシュの増減を、調整する役割を果たすのが財務キャッシュフローです。

●財務キャッシュフローとは

営業活動や投資活動を通して、キャッシュが増えたり不足したりするわけですが、このプラスマイナスを調整することを「財務活動」といい、「財務活動」によるキャッシュの出入りを財務キャッシュフローと呼んでいます。

具体的には以下のようなものがあります。

①借入による収入、借入金返済による支出

②社債の発行による収入、社債の償還による支出

③株式発行（増資）による収入

④自己株式取得による支出

➡自己株式取得
自社の株式を、その会社自身が取得することをいう。従来禁止されていたが、法改正により解禁となり、自己株式を保有することが可能となった

●総額で記載する

財務キャッシュフローも、原則として総額で記載しなければなりません。例えば、借入と返済の両方がある場合、相殺せずにそれぞれ総額を記載することになります。

ただし、短期の借入金を継続的に借り換えて運転資金としているような場合は、総額では金額が大きくなり誤解を招く可能性もありますので、そのような場合は相殺後の純額で記載します。

●財務キャッシュフローはマイナスがいいのか？

借入金を返済すれば、財務キャッシュフローはマイナスになります。確かに借入金が減ることは企業の安全性を高めることになりますが、その評価はあくまで営業・投資キャッシュフローの状況や、経営環境も含めた総合的な観点で判断すべきでしょう。

■ 財務キャッシュフローとは

- 借入の実行　（＋）キャッシュを増やす
- 借入の返済　（－）キャッシュを減らす

＋

- 社債の発行　（＋）キャッシュを増やす
- 社債の償還　（－）キャッシュを減らす

＋

- 株式の発行　（＋）キャッシュを増やす
- 発行関連費用　（－）キャッシュを減らす
- 自己株式の取得　（－）キャッシュを減らす

＝

財務活動による キャッシュフロー

66 C/Sから キャッシュの動きを読む

――キャッシュはどこから生まれ、どこへ流れたか――

ここに4社のキャッシュフローを比較した表があります。各社のキャッシュの動きをどう読みますか？

●A社

本来の事業でキャッシュを300増やし、そこから将来の競争力維持のための投資を100行いました。一方、財務体質健全化の目的で負債を100返済しています。結果、この1年間でキャッシュを100増やしています。バランス型の典型といえます。

●B社

本来の事業で100のキャッシュを生み出していますが、さらに200の借入をして、それらをすべて新たな投資に向けています。手元のキャッシュは増えませんでしたが、将来に向けて、積極的な投資を行っていることがうかがえます。

●C社

本来の事業で120のキャッシュを生み出していますが、新たな投資は特にせず、そのキャッシュのうち70を借入返済に回しています。安定はしていますが、成長はあまり望めない、成熟したビジネスの事業体と推測できます。

➡**成熟したビジネス**
製品が市場に普及し、市場の成長率が鈍化し始めたビジネス

●D社

本来の事業では40のキャッシュしか生み出していませんが、資産の売却等によりキャッシュを100増やしています。それらを使って150の借入返済を行ったようです。その結果、手元のキャッシュが10減っています。リストラ型のキャッシュの動きといえるでしょう。

➡**リストラ型**
経営環境の悪化に対し、人員整理や保有資産の圧縮、取引先の絞込みといった方法で収益回復を図ろうとするパターン

C/S の見方

◉キャッシュの動きを読む

	A社	B社	C社	D社
営業キャッシュフロー	300	100	120	40
投資キャッシュフロー	-100	-300	0	100
財務キャッシュフロー	-100	200	-70	-150
キャッシュの増減	100	0	50	-10
	↓	↓	↓	↓
	バランス型	積極投資型	成熟安定型	リストラ型

67 C/Sから収益性を見る

——キャッシュの観点での収益性比率——

C/S がより身近になった昨今では、キャッシュの観点での分析指標も多く使われています。

財務比率による分析は、これまではB/S、P/Lを中心に行われてきましたが、C/Sがより身近になった昨今では、キャッシュも含めた観点での分析指標も多く使われるようになりました。

●キャッシュフローマージンで収益性を見る

売上高に対する営業キャッシュフローの割合を、キャッシュフローマージンといいます。

➡マージン
一般的には、儲けや利ざや、手数料を意味する。会計では売上総利益をさすことが多い

$$キャッシュフローマージン = \frac{営業キャッシュフロー}{売上高}$$

売上高が増加して利益が上がっていたとしても、キャッシュが伴わなければ経営は行き詰まります。P/Lには、回収の遅延や不良在庫の増加などによるキャッシュの減少は反映されませんが、キャッシュフローマージンを使えば、キャッシュの観点から収益性を見ることができます。

●キャッシュフロー純利益率でキャッシュの創出力を見る

営業キャッシュフローを構成する主なものは、当期純利益と減価償却費、運転資本の増減です。この中の当期純利益の割合を、キャッシュフロー純利益率と呼んでいます。

➡運転資本
運転資金とほぼ同義。第3章55参照

$$キャッシュフロー純利益率 = \frac{当期純利益}{営業キャッシュフロー}$$

■キャッシュの観点から見る収益性

キャッシュフローマージン

$$= \frac{\text{営業キャッシュフロー}}{\text{売上高}}$$

売上が増加し利益が出ていても、キャッシュフローが減少したのでは経営は悪化する。キャッシュフローマージンなら、実態がつかめる

キャッシュフロー純利益率

$$= \frac{\text{当期純利益}}{\text{営業キャッシュフロー}}$$

営業キャッシュフローにおける、純利益の割合を見る

高い場合：企業活動そのものの収益性が高い

低い場合：利益以外でキャッシュを生み出している

この比率が高い場合は、企業活動そのものの収益性が高いことを示し、低い場合は、減価償却費や運転資本の圧縮から生まれるキャッシュフローが大きいということになります。この比率で、利益によるキャッシュの創出力を見ることができます。

68 C/Sから安全性を見る

——キャッシュの観点での安全性比率——

負債の返済原資をキャッシュフローとすることで、より正確に支払能力や安全性を測ることができます。

●キャッシュフロー当座比率で短期の安全性を見る

1年以内に返済する必要のある流動負債を、どれだけ営業キャッシュフローでカバーしているかを見るのが、キャッシュフロー当座比率です。

$$\text{キャッシュフロー当座比率} = \frac{\text{営業キャッシュフロー}}{\text{流動負債}}$$

負債を返済する原資はあくまでキャッシュですから、支払能力を測る基準をキャッシュフローに置くことは、理にかなっているだけでなく次のような利点があります。

支払能力を従来の流動比率や当座比率で測ろうとすると、流動資産や当座資産が大きいほどよい数値になります。ところが、実際は資産が増加するとキャッシュは減少しますので、これらの比率は必ずしも支払能力を正しく表すとは限らないのです。その点、返済原資を営業キャッシュフローとすれば、より正確に支払能力や安全性を測ることができます。

●キャッシュフロー固定比率で長期の安全性を見る

同様に固定負債の支払能力を、営業キャッシュフローとの対比で見ようとするのが、キャッシュフロー固定比率です。

$$\text{キャッシュフロー固定比率} = \frac{\text{営業キャッシュフロー}}{\text{固定負債}}$$

➡年間返済額
固定負債の中の長期借入金は、何年間かかけて、月々分割払いで返済するのが一般的である。一方、短期借入金は、通常、期日に全額一括返済する

■キャッシュの観点から見る安全性

キャッシュフロー当座比率

$$= \frac{\text{営業キャッシュフロー}}{\text{流動負債}}$$

流動負債の返済原資を営業キャッシュフローとすることで、流動比率や当座比率だけで判断するよりも、正確に返済能力を測ることができる

キャッシュフロー固定比率

$$= \frac{\text{営業キャッシュフロー}}{\text{固定負債}}$$

固定負債の支払能力を見ようとするものだが、固定負債の期間も考慮し、年間返済額との対比で見るなどの工夫も必要

ただし、固定負債は長期間かけて返済する借金ですから、単純に総額を営業キャッシュフローと対比させればよいというものではありません。年間返済額を推定し、それとの対比で考えたり、固定負債全額を返済するのに何年かかるのか、という観点で見ていくとよいでしょう。

69 業務への活用
——キャッシュフローに寄与する行動を考える——

営業キャッシュフローを増やすヒントは、間接法による営業キャッシュフローの計算プロセスの中に隠されています。

●スタートはP/Lの利益

営業キャッシュフローのスタートはP/Lの利益です。第2章（23～27）で説明したSTRACの4つの戦略で、利益を生み出すことからすべてが始まります。

●売掛金を圧縮する

売掛金が増える原因は、①掛売りの急増、②回収の遅延、③不良債権の増加――などです。これらを防ぐことがキャッシュフローの増加につながります。日頃から、早い回収を心がける、与信管理を徹底させるなど、営業第一線の努力が不可欠です。

➡与信管理
取引先を信用して、お金を貸したり、掛売りをすることを与信という。適正な管理をして回収を確実にすることが重要であり、それを与信管理と呼んでいる

●在庫を圧縮する

仕入は最小限に、また仕入れたものはできるだけ早く売り上げることが在庫圧縮のポイントです。在庫を余分に持つことは、営業キャッシュフローを減少させるだけではなく、倉庫料や管理費の増加にもつながります。さらに売れ残りや不良在庫を発生させたとしたら、より多くの利益を失うことになります。

●買掛金を増やす

買掛金の支払サイトを延ばすことでキャッシュは増加しますが、売掛金圧縮のための顧客との交渉と同様、慎重に行う必要があります。支払サイトの延長は、資金繰りの悪化と誤解されたり、仕入先との信頼関係を損ねる恐れがあるからです。相手のメリットも十分考慮した交渉が求められます。

■ キャッシュフロー行動を考える

キャッシュフローの知識
業務への活用

キャッシュのスタートは利益	⇨	STRACで利益を創る
売掛金の増加はキャッシュを減らす	⇨	期限内に回収する、不良債権をつくらない
在庫の増加はキャッシュを減らす	⇨	余分な在庫を持たない
買掛金の増加はキャッシュを増やす	⇨	支払は遅いほうがキャッシュにはプラス
減価償却費はキャッシュの源泉	⇨	減価償却の範囲内での新規投資なら安全

COLUMN

MGコラム 3

◆経営を体験してみよう

ゲームの進行とルール

※1人ずつ順番に意思決定

ゲームは、1人ずつ順番に「意思決定カード」と呼ばれるカードを引いて、そこに書かれた指示に従いながら進行します。1回に1つ、経営の意思決定をするというスタイルです。時間は1期が約1時間です。

意思決定とそれに基づく行動には、入金や出金といった金銭の動きが伴いますので、手元にある第1表 資金繰り表（キャッシュフロー計算書）にその内容を記帳していきます。

ときには、リスクカードを引くこともあります。リスクカードには、会社経営で起き得るさまざまなリスクが書かれており、社長である参加者を大いに悩ませることになります。

※AMGのルール

AMGでは、意思決定項目を「ルール」と呼んでいます。ルールは大きく2種類に分かれており、意思決定カードに基づいて実施するものがAルール、カードと関わりなく、いつでも実施できるのがBルールです。

参加者に事前に配布されるルール表には、それぞれのルールの効果と、必要なコストが明記されています。

ルールは経営の制約条件であると同時に、戦略を立てる際の重要な情報でもあります。参加者は、ルールを十分に読み込んだ上で、それを具体的な戦略、戦術に落とし込んで、経営にあたることになります。

AMG ルール表

[Aルール]

項目		単価	記入個所	能力・効果	注意
製品販売		競争価格	(ア)売掛金 (エ)現金売上	通常の販売は掛け売り。入金は期首と中間の2回。独占販売は現金入金	競争の方法は別記。
普通設備		100/台	(チ)設備投資	生産能力2個。ワーカー1人必要。	減価償却は定額法。10年(残存価格0)。
大型設備		200/台		生産能力4個。ワーカー1人必要。	
ワーカー採用・解雇		5/人	(ケ)労務費	機械1台につき1人必要。	期末に給料を支払う。解雇の場合、解雇時に給料1年分を支払う。
材料仕入		10/個	(カ)材料仕入	3種類のうち、どれをいくつ買ってもよい。現金支払。	数量割引あり。11個以上10%OFF。21個以上20%OFF。
投入		2/個	(キ)投入費	生産能力の範囲内。	完成から動かしてください。
完成		2/個	(ク)完成費		
セールス採用・解雇		5/人	(サ)販管費	1人で製品2個販売可能。	期末に給料を支払う。解雇の場合、解雇時に給料1年分を支払う。
広告投資		5/枚	(サ)販管費	ロープライスマーケットでポイント1。	1回に1枚しか投資できない。期末に半数戻す。
市場開拓投資		10/枚	(サ)販管費	ミドルプライスマーケットでポイント1。	1回に1枚しか投資できない。期末に半数戻す。
研究開発投資		30/枚	(サ)販管費	ハイプライスマーケットでポイント1。	1回に1枚しか投資できない。期末に半数戻す。
Do Nothing				何もしない。	

＊半数：小数点以下四捨五入

[Bルール]

項目		単価	記入個所	能力・効果	注意
保険		2/枚	(サ)販管費	火災・盗難時に保険金が受け取れる	1枚のみ。災害時、期末に戻す。
銀行借入		前期売上の1倍まで	(ト)短期借入金 (ス)支払利息	借入と同時に金利を払う。利率は期首に発表。	借入金返済は翌期首処理で。(借入枠内での借り換えは可能)。
社債発行		発行限度は格付による	(ニ)社債発行 (ス)支払利息	発行と同時に金利を払う。利率は格付による。	第7期以降実施可能。3年後の期末に全額償還。
設備売却		取得価格の2分の1	(ツ)設備売却	売却損益が発生。	売却額－簿価＝利益

第4章

シミュレーションで会計脳トレーニング

70 ビジネスモデルを描く

――「儲けを生み出すしくみ」の図解――

ビジネスモデルを描くことで、仕事のプロセスや、外部との関係、資金回収の流れなどが一目でわかるようになります。

●ビジネスモデルとは

ビジネスモデルとは、会社が現在行っている事業活動や、これから行おうとする事業の全体構想、いうならば「儲けを生み出すしくみ」のことで、右のように図解すると明確になります。

ビジネスモデルを描くことで、仕事のプロセスや、他部署との関連・協力関係、顧客とのコミュニケーション、資金回収の流れなどが一目でわかるようになります。

しかし、一番熟知しているはずの自分の担当業務でさえ、図に描こうとするとなかなか難しいものです。ましてや直接の取引先との関係だけでなく、そこから派生する関係まで含めると、まとまりがつかなくなることもありますので、目的に応じた区切りを設ける必要があるでしょう。全体を図にするというのは、それだけ大局的に物事を見る眼と、洞察力が求められるのです。

➡ビジネスモデル
ビジネスモデルと呼ぶのは日本独特で、英語では、business methodという

➡ビジネスモデル特許
ビジネスの方法に関する特許を、特にこう呼ぶことがある。一般の特許と何ら変わるものではなく、特別な法律が存在するわけではない

●AMGのビジネスモデルを描いてみよう

AMGで参加者が社長として取り組むビジネスの概要は、意思決定項目のコストと効果を箇条書きにした「ルール表」、原材料の仕入市場と製品の販売市場を示す「マーケット盤」、過去の財務資料など、さまざまな資料やデータから知ることができます。これらの断片的個別情報を組み合わせて、いかに早く頭の中に全体像をつくり上げるか、すなわちビジネスモデルを描くかが、その後の経営成果に大きく影響します。

シミュレーションを通して、仕事を普段よりも高い位置から眺めるクセをつける、それが全員経営の第一歩です。

■仕入れから販売までの流れを描いてみよう

（例）AMGのビジネスモデル

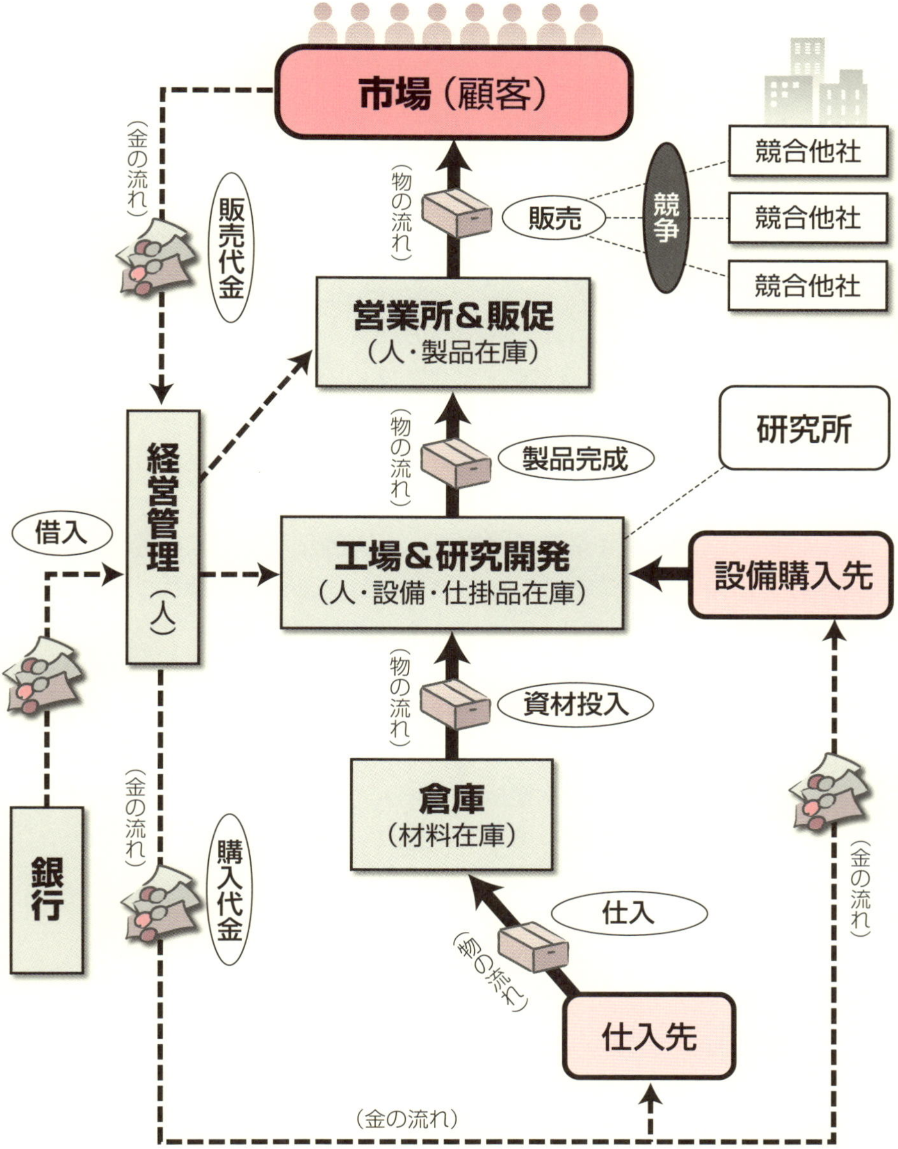

71 ゴールを設定する
――利益計画――

ゴール（目標利益）を設定したら、それを達成するためのロジックを組み立てます。これが利益計画です。

●まず固定費を予測する

まず固定費を予測します。人や設備、開発投資など固定費を発生させる要素を確認し、その数量を仮決定していきます。

AMGの事業計画書では、確定分（既存の社員や設備など、固定費が確定しているもの）と、計画分（新たな意思決定により増加あるいは減少する固定費）とに分けて、それぞれ年間固定費を計算し、最後にこれらを合算します。これが回収すべき固定費の総額です。

➡事業計画の３要素
事業計画には、目標・方針に基づく、利益計画、資金計画、行動計画の３つの要素が不可欠である

●限界利益を見積もり、目標販売数量を決定する

続いて3製品の1個あたり限界利益を予測で見積もります。直接原価計算で行えば、変動費は材料費と投入・完成費だけですので、簡単に把握できます。販売単価は過去の競争状況から予測するしかありませんので、予測値をいれ限界利益総額を算出します。

3製品の限界利益総額が固定費総額を上回れば、上回った部分が利益となりますから、各製品の数量や単価をいろいろ変えて試算をしてみてください。そして生産能力と販売能力との兼ね合いも考慮し、目標利益を生むための目標数量を決定します。

➡３製品
MGコラム２（P70）参照

●予想損益計算書を作成する

3製品の目標販売数量が決まったら、それに基づき3製品の売上高、変動費（売上原価）、限界利益（売上総利益）を計算します。さらに、固定費計画で試算した固定費を記入して差し引き計算をすれば、予想損益計算書（P/L）が完成します。

■ 事業計画を立てる上でゴール設定は大切

利益計画の流れ

経営方針を固める

↓

固定費を予測する

↓

限界利益を見積もり、目標数量を決める

↓

予想損益計算書（P/L）を作成する

AMG事業計画書

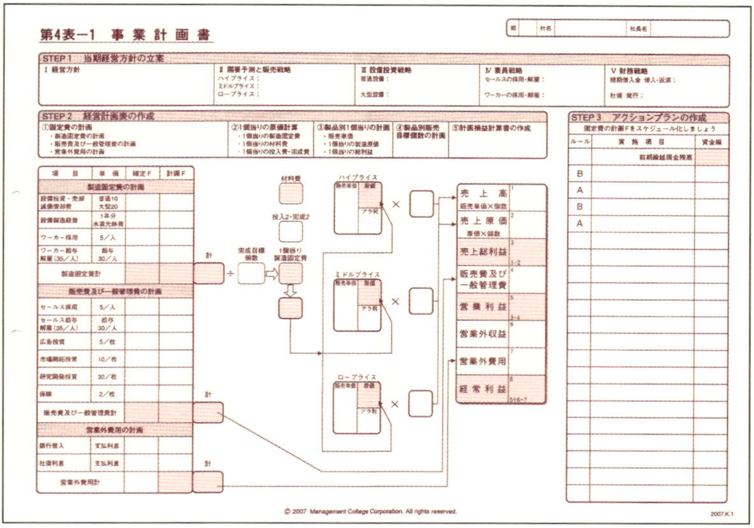

第4表ー1　事 業 計 画 書

期		社名		社長名	

STEP 1　当期経営方針の立案

Ⅰ 経営方針	Ⅱ 需要予測と販売戦略	Ⅲ 設備投資戦略	Ⅳ 要員戦略	Ⅴ 財務戦略
	ハイプライス： ミドルプライス： ロープライス：	普通設備： 大型設備：	セールスの採用・解雇： ワーカーの採用・解雇：	短期借入金 借入・返済： 社債 発行：

STEP 2　経営計画表の作成

①固定費の計画	②1個当りの原価計算	③製品別1個当りの計画	④製品別販売目標個数の計画	⑤計画損益計算書の作成
・製造固定費の計画 ・販売費及び一般管理費の計画 ・営業外費用の計画	・1個当りの製造固定費 ・1個当りの材料費 ・1個当りの投入費・完成費	・販売単価 ・1個当りの製造原価 ・1個当りの総利益		

項　目	単　価	確定F	計画F
製造固定費の計画			
設備投資・売却 減価償却費	普通10 大型20		
設備製造経費	1年分 水道光熱費		
ワーカー採用	5／人		
ワーカー給与 解雇（35／人）	給与 30／人		
製造固定費計			
販売費及び一般管理費の計画			
セールス採用	5／人		
セールス給与 解雇（35／人）	給与 30／人		
広告投資	5／枚		
市場開拓投資	10／枚		
研究開発投資	30／枚		
保険	2／枚		
販売費及び一般管理費計			
営業外費用の計画			
銀行借入	支払利息		
社債利息	支払利息		
営業外費用計			

計　÷　完成目標個数　⇨　1個当り製造固定費

材料費

投入2・完成2

ハイプライス　販売単価　原価　アラ利　×

ミドルプライス　販売単価　原価　アラ利　×

ロープライス　販売単価　原価　アラ利　×

1	売　上　高	販売単価×個数
2	売 上 原 価	原価×個数
3	売上総利益	1−2
4	販売費及び一般管理費	
5	営 業 利 益	3−4
6	営業外収益	
7	営業外費用	
8	経 常 利 益	5+6−7

STEP 3　アクションプランの作成

固定費の計画Fをスケジュール化しましょう

ルール	実　施　項　目	資金繰
	前期繰越現金残高	
B		
A		
B		
A		

2007.K.1

72 プロセスを明確にする
——ガントチャートで行動順序を決定する——

利益計画の欠点は、キャッシュフローが見えないことです。キャッシュを見るには、プロセスを明確にしなければなりません。

●ガントチャートでビジネスのプロセスを描く

キャッシュの動きを予測するためには、ビジネスのプロセスを明確にし、意思決定行動の順序を決定する必要があります。それにはガントチャートが役立ちます。

●ガントチャートとは

ガントチャートとは、生産管理やプロジェクト管理でよく用いられる工程表の1つで、アメリカのヘンリー・ガントにより考案されたことから、その名がついています。

縦軸に作業内容や行動を置き、横軸に時間（日程）をとって、実際に行う時期を横線や矢線で示します。各作業や行動の開始時期、終了時期がひと目で把握できるほか、作業や行動の前後関係も明らかになるなどの利点があります。

●ガントチャートを作ってみよう

利益計画に基づき、目標生産数量・目標販売数量およびそれに伴う固定費支出を決定したら、それらを行動単位に分割し、ガントチャートの左側、意思決定行動項目（Activity）欄に、上から1つずつ記入していきます。

ガントチャートの横軸は時間軸です。通常の年間計画ならばここは1年（12カ月）とします。AMGの場合は1年を1時間と読み替えます。プロジェクトの場合は、横軸はプロジェクト期間となります。各意思決定項目について、実際に行動するタイミングを両矢線で表示すれば、ガントチャートが完成します。

➡生産管理
効率的な生産を実現するために、生産活動を計画し、組織し、統制する一連の管理のことをいう。トヨタのカンバン方式などが有名である

➡プロジェクト
一般には、特定の目的を達成するために、臨時的に作られる組織と、その活動をいう

■ ガントチャートでビジネスのプロセスを明確にする

ガントチャート

		4月		5月		6月		7月		8月		9月		10月		11月		12月		1月		2月		3月	
Activity	(担当)	1	2	3	4	5	6	7	8	9	10	11	12	13	14	15	16	17	18	19	20	21	22	23	24
1 資金調達																									
資本金	経理	↔																							
借入金	経理									↔	↔							↔	↔						
2 設備投資																									
購入	製造		↔	↔											↔	↔									
売却	製造																								
3 人員採用																									
工場	人事			↔							↔	↔													
営業所	人事				↔											↔	↔								
4 仕入																									
材料仕入	製造					↔			↔			↔			↔			↔			↔			↔	
5 生産																									
投入・完成	製造						↔			↔			↔			↔			↔			↔			↔
6 販売																									
販売	営業							↔			↔			↔			↔			↔			↔		
代金入金	経理													↔			↔			↔			↔		
7 戦略投資																									
研究開発	製造					↔	↔	↔	↔												↔	↔	↔		
広告宣伝	営業													↔	↔			↔	↔					↔	↔

計画表と統制表の両方に使える

まず、やるべき行動を
左側に書き上げよう
実際に行動する
タイミングを矢印で
示せばいいのね

73 キャッシュフローをチェックする

――シミュレーションを繰り返す――

利益計画（事業計画書）、行動計画（ガントチャート）、資金計画（キャッシュフロー計算書）の３つは、トライアングルのように密接にリンクしています。

●キャッシュフローをチェックする

ガントチャートを作成したら、両矢線で示された行動に伴う入出金を、資金繰表（キャッシュフロー計算書）に書き込んでいきます。入出金を伴わない掛取引の金額は、まず資金繰表の掛台帳欄に記入し、同時に、決められたサイトに従って該当月の売掛金回収欄に同額を記入します。

もし、途中で資金ショートしたらそこで借入をしなければなりません。ガントチャート意思決定行動項目に「借入」を追加し、実施タイミングに両矢線を書き込みます。

1年間の意思決定行動をすべてキャッシュフローに落とし込めば、キャッシュフロー計算書の完成です。

●意思決定の変更・追加を利益計画へ反映させる

キャッシュフローのチェックにより、追加の借入が発生したときは、支払利息の増加を利益計画へ反映させなければなりません。利益計画シートへ戻り、固定費の支払利息を追加記入します。その分利益が減少しますので、目標利益を維持するならば、販売数量や単価を変更するなどの検討を加えます。

●シミュレーションのトライアングル

利益計画（事業計画書）、行動計画（ガントチャート）、資金計画（キャッシュフロー計算書）の3つは、トライアングルのように密接にリンクしています。シミュレーションを繰り返すことで、これらの関連を実感しながら、会計脳が鍛えられていくのです。

➡シミュレーション
実験や試算を目的に、複雑な事象を定式化して行う模擬演習。
ここでは、財務３表作成シートを使って試算することを指す

■ 利益計画、行動計画、資金計画は密接にリンクしている

シミュレーションのトライアングル

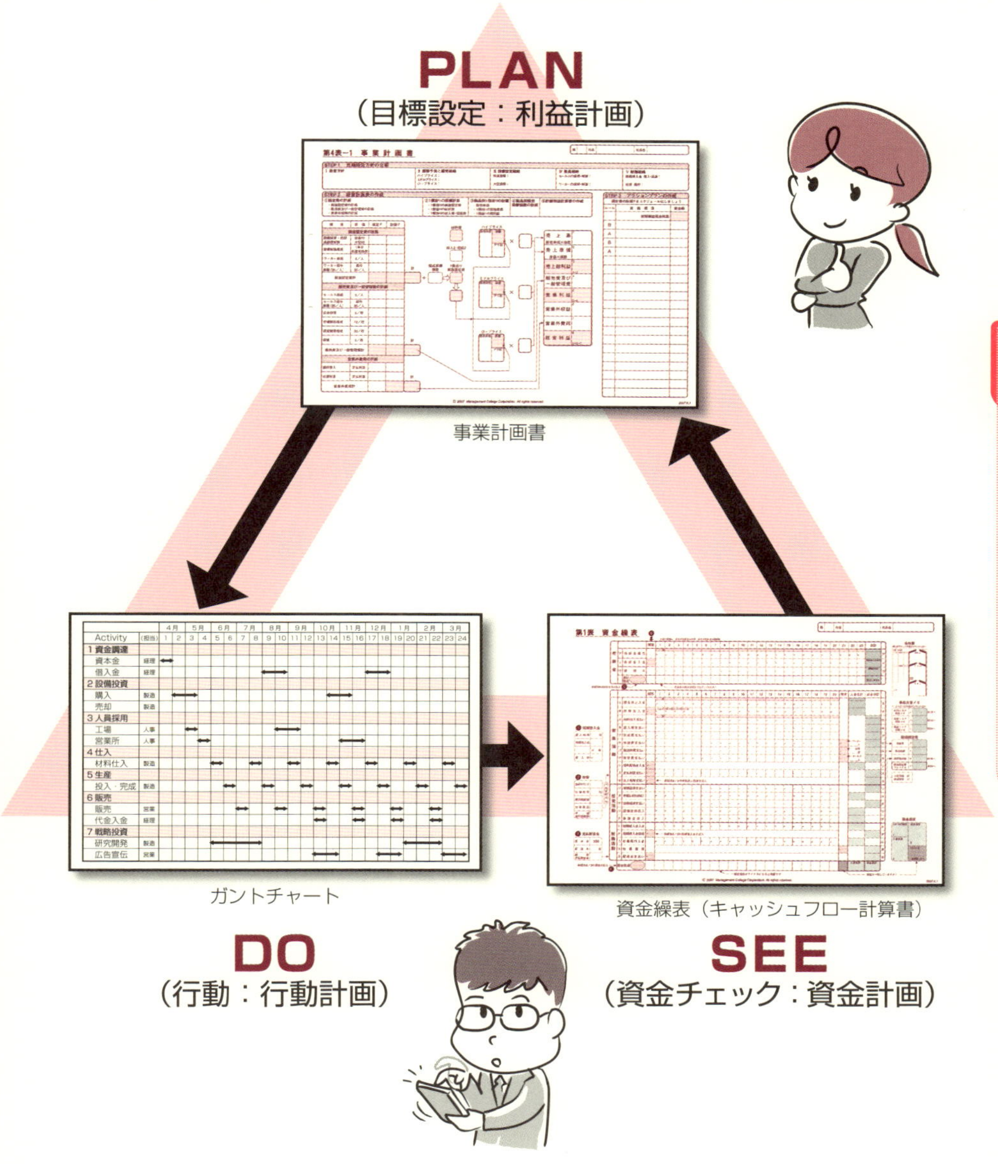

74 金銭の時間価値
――現在価値を計算する――

会計脳トレーニングの2つめのテーマは、「時間」です。ビジネスにかかる時間を、採算計算に反映させるには、どうすればよいのでしょうか。

●ビジネスにかかる時間をどう考えるか

事業であれ、プロジェクトであれ、ビジネスは相応の時間をかけて遂行されるのが普通です。キャッシュフローで利益や企業価値を考える場合、この時間の経過を無視することはできはません。なぜなら、今のお金と将来のお金を同列に扱ったのでは、納得が得られないからです。

➡企業価値
その企業が持つ事業の価値を、金額で表したもの。企業の値段といってもよい。測るモノサシはいろいろあるが、近年はキャッシュフローが使われることか多い

●お金は時間で価値が変化する

「お金には利息がつく」という常識を前提に考えると、今の100万円と、1年後の100万円は価値が違うはずです。仮に銀行の1年定期の利率が5%であったとすると、100万円は1年後には105万円になります。言い換えると、今の100万円と、1年後の105万円は同価値であり、1年後の100万円は、今の価値に直すと（100÷105）万円、約95万円ということになります。

このように、お金は、時間の経過とともに価値が変化していくのです。

●割引率を使って現在価値を計算する

上記の利率「5%」にあたるものを割引率といいます。将来のキャッシュフローを現在と同列に扱うときには、この割引率を使って現在の価値に直して比較します。この考え方をディスカウント・キャッシュフロー（DCF：Discounted Cash Flow）と呼んでいます。DCFは、事業への投資や、資産の運用による価値を判断する際によく使われます。

■ DCFとは

金銭の時間価値

今の100万円

1年後の100万円

利率が 5%だとすれば

現在の価値は…

100万円

＞

現在の価値は…

（100万円 ÷1.05）

=約95万円

DCF

（ディスカウント・キャッシュフロー）

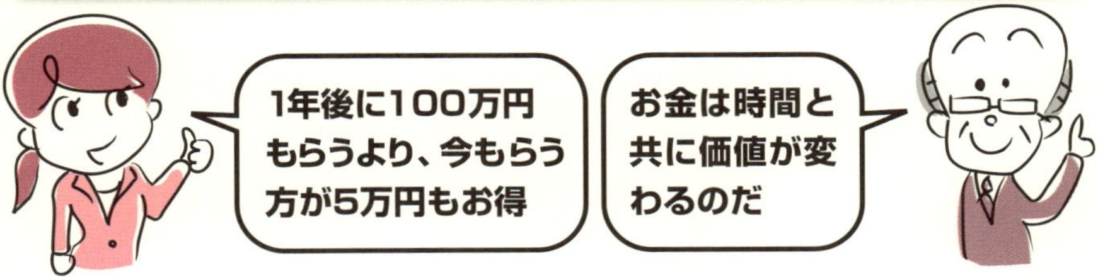
1年後に100万円もらうより、今もらう方が5万円もお得
お金は時間と共に価値が変わるのだ

75 投資の採算を計算してみよう その①

――正味現在価値で考える――

NPV法は将来得られるキャッシュを現在価値に直し、そこから投資額を引いて正味の現在価値を計算するものです。

●NPV法とは

DCFを使った投資の採算判断手法の1つに、正味現在価値（NPV：Net Present Value）法があります。将来得られるキャッシュを現在価値に引きなおし、そこから投資額を引いて正味の現在価値を計算するものです。

➡現在価値
一定の割引率を使って、将来の価値を現時点まで割り戻した価値をいう

●正味現在価値で投資を判断する

この問題を考えてみてください。

「ある事業に5,000万円投資すると、3年後には6,000万円の現金が回収できる見込みである。3年ものの利子率を6%とした場合、この投資は実行すべきだろうか？

NPV法によって計算せよ」

➡利子・利息・利率
利子は金額を表す用語で利息と同義である。利率（利子率）は元本に対する利子の割合を指す

3年物の利子率6%を割引率として用い、3年後の6,000万円の現在価値を計算してみます。

現在価値＝60,000,000円÷（1+割引率）^{年数}
＝60,000,000円÷（1.06）^{3}
＝50,377,157円

現在価値から投資額を引いて、正味現在価値を計算します。

正味現在価値＝現在価値－投資額
＝50,377,157円－50,000,000円
＝377,157円

正味現在価値はプラスとなりますので、この投資は実行すべきと判断できます。

■ NPVで投資を判断する

問題

ある事業に 5,000万円投資すると、3年後には 6,000万円の現金が回収できる見込みである。３年ものの利子率を６％とした場合、この投資は実行すべきだろうか？

ＮＰＶ法によって計算せよ

＊エクセルの関数を活用する

エクセルを使えば、ＮＰＶ関数により現在価値や正味現在価値を簡単に計算することができます。

1. 現在価値を計算する

	A	B
1		
2	割引率	0.06
3	１年後のキャッシュ	0
4	２年後のキャッシュ	0
5	３年後のキャッシュ	60,000,000
6	現在価値	50,377,157

=+NPV(B2,B3:B5)

2. 正味現在価値を計算する

	A	B
1	投資額	−50,000,000
2	割引率	0.06
3	１年後のキャッシュ	0
4	２年後のキャッシュ	0
5	３年後のキャッシュ	60,000,000
6	正味現在価値	377,157

=+NPV(B2,B3:B5)+B1

答

正味現在価値がプラスになるので、この投資は実行すべきである

76 投資の採算を計算してみよう その②

――IRRで考える――

IRR法は投資の収益率（割引率）が、一般的な利子率を上回っているかどうかを見るものです。

●IRR法とは

内部収益率（IRR：Internal Rate of Return）法という計算方法も、投資の採算を判断する際によく使われます。

これは、投資の収益率（割引率）が、一般的な利子率や、あるいは最低限求められる収益率（ハードルレート）を上回っているかどうかを見て、投資の採算判断をしようとするものです。

➡ハードルレート
投資評価のモノサシの1つ。最低限必要とされる利率で、企業では資本コストをハードルレートとすることが多い

●IRRで投資を判断する

では、この問題を考えてみてください。

「ある事業に5,000万円投資すると、3年後には6,000万円の現金が回収できる見込である。ハードルレートを6%とした場合、この投資は実行すべきだろうか？

IRR法によって計算せよ」

この問題は、初期投資額×（1＋r）^{年数n}＝n年後の回収額のrを求め、それで判断せよということです。

つまり5,000万円×（1＋r）^{3}＝6,000万円のrを計算することになります。

この式を解くと、rは6.27%となります。これはハードルレート6%を上回っているので、この投資は実行すべきだと判断できます。

＊この計算は電卓での手計算では難しいので、NPVと同様、エクセルのIRR関数を使って計算するとよいでしょう。

■ IRRで投資を判断する

問題

ある事業に 5,000万円投資すると、3年後には 6,000万円の現金が回収できる見込みである。ハードルレートを 6%とした場合、この投資は実行すべきだろうか？

ＩＲＲ法によって計算せよ

＊エクセルの関数を活用する

ＩＲＲ関数は、＝ＩＲＲ(範囲，推定値）という形をとります。推定値がわかる場合は入力しますが、不明な場合は省略しても問題ありません。コンピュータが正確に計算してくれます（既定値として 0.1 が使用されます)。

● ＩＲＲを求める

	A	B
1	投資額	−50,000,000
2	1 年後のキャッシュ	0
3	2 年後のキャッシュ	0
4	3 年後のキャッシュ	60,000,000
5	IRR	6.27%

＝ＩＲＲ(B1:B4, 0.05)

推定値

答　IRR がハードルレートを上回っているので、この投資は実行すべきである

COLUMN

MGコラム 4

◆経営を体験してみよう

経営の厳しさを実感する

※経営体験から得るものとは

「先代社長から経営のバトンを渡された」という設定で、AMGのゲームは始まります。創業社長でもある先代が第1期から第4期までの4年間、経営を担ってきましたが、競合他社の参入が相次いだことなどが影響し、第4期末の業績は低迷しています。そんな中、あなたが2代目社長に就任するのです。社長就任後の第5期から第8期までの4年間に、どのようなドラマが展開されるのでしょうか。主役は参加者であるあなたです。

●試行錯誤の第5期：何もわからない手探り状態の中で、経営がスタートします。当初は試行錯誤の繰り返しですが、そこからたくさんの気づきが生まれます。それらをその後の経営に活かせるかどうかがポイントです。

●本格経営の第6期：実質2年目の第6期に入ると、各社の動きに変化が出始めます。本格的な経営の開始です。大型化に突き進むもの、ある製品に特化するもの、静かに様子を眺めながら機を伺うものなど様々です。しかし、多くの会社はいまだ赤字基調です。

●戦略経営の第7期：各社の投資効果が表れる頃です。差異化を実現できた会社の優位性が、業績にも好影響を与え始めます。一方で、戦略経営に乗り遅れた会社の劣勢が徐々に明らかになり、業績の悪化とキャッシュ不足に見舞われます。

●戦略(差異化)経営の第8期：この頃になると、強い会社はますます強く、一方で、弱い会社は市場からの退場を余儀なくされる状況となります。優勝劣敗の経営の厳しさを実感します。

※AMGについて

AMGのねらいは、決して競争に勝つことではありません。経営のプロセスを通して、勝っても負けてもできるだけ多くの事柄に気づき、それを起点に自己啓発、自己革新に向かうことが真のねらいです。その意味で、勝ち負けは関係ないのです。

AMGでは、経営計画を策定し、自分自身で意思決定しながらゲームを展開していきます。ゲーム終了後、自分の手でP/L、B/S、C/Sを作成し、経営分析を行います。会計・財務知識を習得することで、自らの企業観を確立することができるのです。

第5章

AMGで経営型人材を創る

77 資質と行動の関係

——行動を決定するもの——

人の行動は、その人の資質と、そのとき置かれている環境の、2つの変数に依存して決定されると考えられています。

●資質と行動の関係

人の能力は、「資質」と「行動特性」と「技能」「行動」の球で説明することができます。一番中心にあるのが核となる「資質」です。これは潜在的なものであり、残念ながら外からは見ることができません。その外側を「行動特性」が取り巻いていると考えられます。「行動特性」は近年、コンピテンシーという言葉で盛んに取り上げられていますが、行動を引き起こす、持って生まれた特性といったものです。一番外側が「行動」であり、これだけは外から見ることができます。

この4つは強く結びついており、人は外部からの刺激に対して、資質で反応し、それを行動特性に従った行動で示すと考えられるのです。「行動は内面の鏡である」と言われるゆえんです。

●場の理論

行動に影響を与えるもう1つの重要な側面に、環境があります。社会心理学者のクルト・レヴィンは、「場の理論」で、次のような式を用いてそれを説明しています。

B＝f（P, E）

B：Behavior（行動）、f：関数

P：Personality（資質）、E：Environment（環境）

この式は、人の行動（B）はその人の資質（P）と、そのとき置かれている環境（E）の、2つの変数に依存して決定されることを表しています。ある環境における資質と行動には、明らかな相関関係があると考えられるのです。

➡K・レヴィン
Kurt Lewin（クルト・レヴィン、1890年-1947年）ドイツ生まれの心理学者。「社会心理学の父」と呼ばれている

➡場の理論
人は、置かれた「場」に影響を受けて行動するという理論。「ポジションが人を作る」という考え方にもつながる

■ 人の行動は資質と環境に依存する

資質と行動の関係

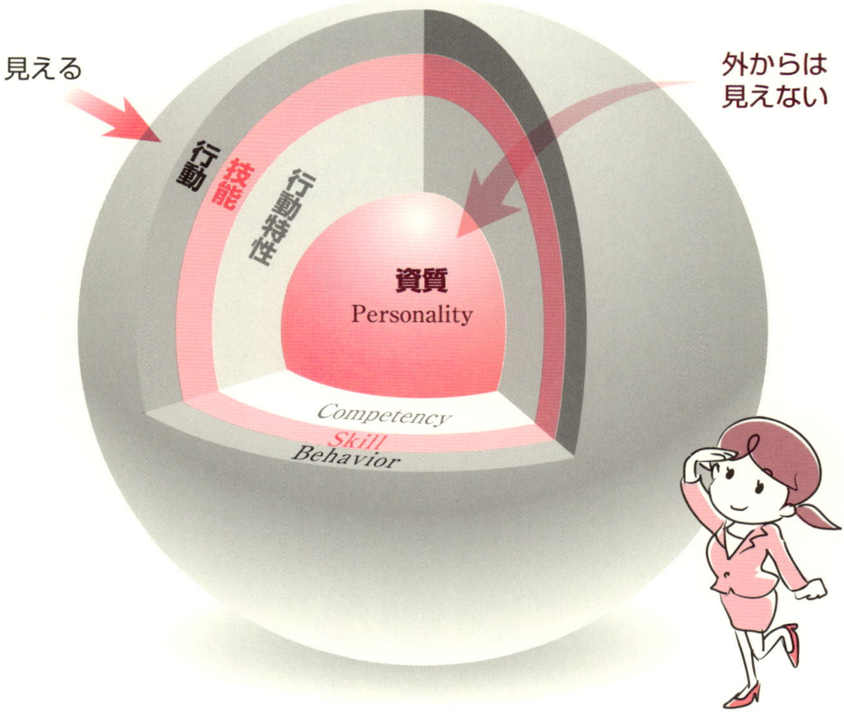

フィールドセオリー（場の理論）

クルト・レヴィン

$$B = f(P, E)$$

行動　資質　環境

行動に影響を与えるもの

78 リーダーシップの構造
――資質、行動特性、行動の関係図――

リーダーシップの構造を明らかにするために、資質から行動特性へ、さらに具体的な行動へとブレークダウンします。

●リーダーシップのブレークダウン

経営型人材に求められる資質として、最も重要と考えられるものの1つに「リーダーシップ」があります。

リーダーシップの概念については、古くはマキャベリの『君主論』(1513年)に始まり、20世紀以降数多くのリーダーシップ論が展開され、ビジネス界で応用されているわけですが、ここでは、ビジネスリーダーたる経営型人材のリーダーシップという観点で考えてみたいと思います。

➡マキャベリ
Niccolo Machiavelli
(ニッコロ・マキャベリ 1469年-1527年)
ルネサンス期イタリア・フィレンツェの外交官、政治理論家

経営型人材に求められるリーダーシップの構造を明らかにするために、まずリーダーシップに必須の行動特性(Competency)にブレークダウン(細分化)します。さらにそこから、ビジネスシーンにおける技能(Skill)および行動(Behavior)にブレークダウンしたものが右図です。

このようにリーダーシップを階層にしたがって細分化すると、目に見える行動と、目に見えない行動特性、資質とのつながりが一層明らかになります。

●8つのコンピテンシー

リーダーシップは、①「成果執着性」、②「情報分析・統合力」、③「率先性」、④「計数力」、⑤「対人影響力」、⑥「変革志向」、⑦「戦略シナリオ立案力」、⑧「リスク対応・忍耐力」の8つの行動特性にブレークダウンすることができます。人は、これらの行動特性を経由して、さまざまなシーン(環境)で、固有の行動をとると考えられるのです。

■ 経営型人材に求められるリーダーシップを明らかにする

リーダーシップの構造

資質

Personality

行動特性

Leadership Competency

- 成果執着性
- 情報分析・統合力
- 率先性
- 計数力
- 対人影響力
- 変革志向
- 戦略シナリオ立案力
- リスク対応・忍耐力

技能

Skill

- 達成スキル
- 創発スキル
- 対人スキル

行動

Behavior

・計画を立てる	・ゴールを描く	・聴く、話しかける
・優先順位を決める	・シナリオを書く	・参加を促す
・決断し実行する	・アイデアを出す	・巻き込む
・リスクに耐える	・行間を見抜く	・意見を求める
・結果を出す	・一番に行動する	・教える
・数字を活用する	・独自性を求める	・ほめる
・あきらめない	・変革する	・手伝う
		・動機付ける

79 AMGで行動観察
――行動がアセスメントの鍵――

AMGで見られる参加者の行動は、おおむね普段の仕事における行動と重なります。そこにアセスメントの鍵があります。

●AMGにおけるビジネス行動

AMG（アドバンスト・マネジメントゲーム）は、突如2代目経営者として社長に就任するところから始まります。そして試行錯誤の第5期、ようやく状況が把握でき本格経営に乗り出す第6期、競争に打ち勝つため戦略経営を展開する第7期へと進んでいきます。成功や失敗は人それぞれですが、AMGにおけるこれらのシーンで見られる参加者の行動は、おおむね普段の仕事における行動と重なります。そこにアセスメントの鍵があります。

➡アセスメント
一般には「事前評価」「査定」と訳す。環境や技術を評価する際によく使われる。ここでは、人材の能力評価（ヒューマンアセスメント）の意味

●AMGのストーリーと行動特性

・開始～第5期

ルール説明や背景説明などで提供される初期情報を、論理的かつ体系的に理解できるかどうかがポイントとなります。成果に結びつけるためには、高い「情報分析・統合力」が求められます。また、研修初期には「率先性」も顕著に現れます。

・第６期～次期経営計画

「戦略シナリオ立案力」「計数力」が、第６期の業績や次期の計画の立て方に反映されます。また、この頃から「成果執着性」を示す行動が顕著に見られるようになります。

・第７期以降

戦略経営には「変革志向」と「リスク対応・忍耐力」が不可欠です。後半に行くほど、この領域の行動が多く現れるようになります。また、「対人影響力」については、あらゆる場面で関係行動が観察できることも、体験学習の利点です。

■ AMGで行動観察

AMG行動と行動特性

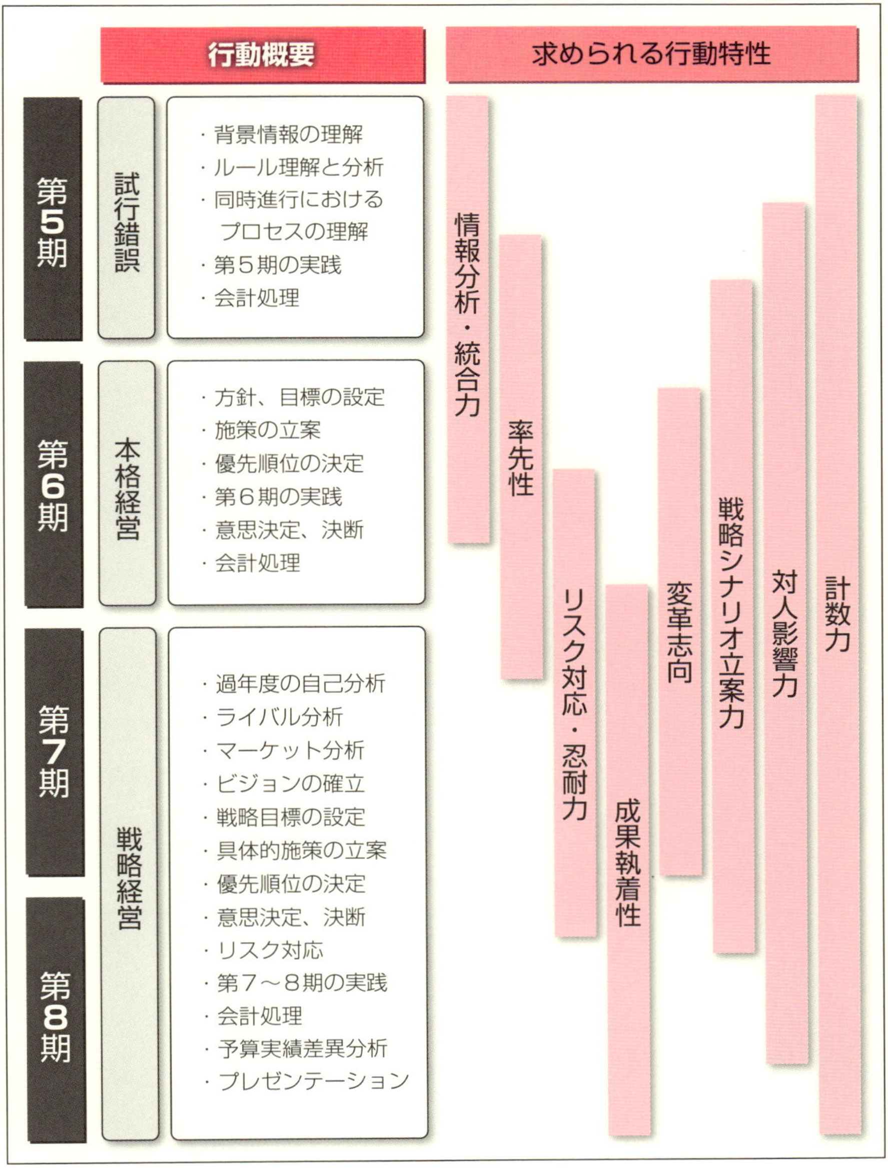
行動概要
求められる行動特性
第5期
試行錯誤
・背景情報の理解
・ルール理解と分析
・同時進行における
プロセスの理解
・第５期の実践
・会計処理
第6期
本格経営
・方針、目標の設定
・施策の立案
・優先順位の決定
・第６期の実践
・意思決定、決断
・会計処理
第7期
第8期
戦略経営
・過年度の自己分析
・ライバル分析
・マーケット分析
・ビジョンの確立
・戦略目標の設定
・具体的施策の立案
・優先順位の決定
・意思決定、決断
・リスク対応
・第７～８期の実践
・会計処理
・予算実績差異分析
・プレゼンテーション
情報分析・統合力
率先性
リスク対応・忍耐力
成果執着性
変革志向
戦略シナリオ立案力
対人影響力
計数力

80 リーダーシップ自己診断

――自己診断アセスメントの進め方――

本項と次項では、AMGのゲームでとった行動を、参加者が自己採点するのに使用する「リーダーシップ自己診断表」と「レーダーチャート」の概要を紹介します。

●リーダーシップ自己診断表

リーダーシップ自己診断表には、研修イントロダクションから、第5期同時進行、ルール解説、質疑応答、第6期以降のゲームへと進むスケジュールに沿って、行動チェック項目が記載されています。これらの項目は、過去数十万人を超えるMG（マネジメントゲーム）参加者を観察してきた経験から割り出した、ハイパフォーマーの行動パターンです。

➡ハイパフォーマー
組織の中で、高い成果を継続的に出すことのできる人材をいう

●各行動について自己採点する

記載された文章どおりのことができていたら、そこに書かれた得点を○で囲みます。行動はしたが十分ではないと思われるときは、その度合いに応じて減点し、それを得点とします。

チェック項目すべてについて採点し終えたら、各列の点数を縦に合計します。縦の8列は8つの行動特性に対応していますので、列合計が各行動特性の得点となります。その得点を次項のレーダーチャートに落としこんでいきます。

●自己採点のポイント

リーダーシップ自己診断表に記載されている行動項目は、ゲーム中のきわめて具体的な行動です。採点するときのポイントは、そのときそこに記載された行動を「したか」「しなかったか」それだけです。頭ではしようと思っていたが実際にはしなかった場合、得点はゼロです。このように、行動観察によるアセスメントは、目に見える形で行動したかどうかに着目して判定します。

➡行動観察
人の行動を客観的に観察することにより、その人の潜在意識や潜在能力を分析すること

■ 自己診断アセスメント

リーダーシップ自己診断表（例）

**リーダーシップ
アセスメントシート**

氏名

		成果執着性	率先性	計数力	リスク対応・柔軟性	戦略シナリオ立案力	情報分析・統合力	変革志向	対人影響力
同時進行	読みやすく正確な数字を書いた			10					
	スクリーンを毎回必ず確認した						4		
	計算が正確であった			5					
	同時進行に遅れずについていけた						4		
	記入枠内に余分な情報を書いていない						4		
	わからないときに講師に質問した	10	10						
	グループメンバーに教えてあげた								10
	期末処理列を即座に正しく記入できた						4		
	最終現金残高を即座に正しく計算できた			5					
	現金勘定チェックの計算を正しくできた			10			2		
第5期ゲーム・決算	期首現金残高を迷わず記入した						2		
	最初のBルールを即座に実行した		5		5				
	第１列残高を即座に記入した			5			4		
	最初の自分の番で意思決定カードをすぐ引いた		5						
	普通タイプのカードの際、即Aルールを実行した		5			10			
	設備の構成を変えた					5			
	設備の生産性を向上させる手を打った					5			
	先行投資のための借入をした					10			
	グループの中で一番に大型設備を購入した		5					20	
	グループの中で一番に広告投資をした		5					10	
	投入完成は、完成から先に動かした						2		
	毎回大きな声で宣言して行動した		10						10
	グループの中で一番に親として販売をしかけた	10	5						
	販売にはすべて参加した	10							
	販売競争を実質的に仕切った		5						10
	研究開発投資を積極的に行った					10	4	10	
	競争ポイントを正確に宣言した			5			4		
	ゲーム中、計算で戸惑うことはなかった			5					
	間違いは消しゴムで完全に消し去っている				5				
	期末に現金不足になることはなかった				10		6		
	期末処理を正確に行った			5					
	ヨコ計・タテ計は一番早かった			5					
	最終現金残高を正しく計算できた						4		
	現金勘定チェックは１回で一致した						4		
	前期繰越を正しく転記した						2		
	棚卸の個数を即座に記入できた						2		
	原価計算のロジックを難なく理解できた						4		
	原価の個数と売上の個数は一致した				10				
	損益計算書の総利益はすぐ計算できた			5					
	損益計算書の経常利益はすぐ計算できた			5					
	貸借対照表の左右は１回で一致した			5					
	純資産額グラフを一番に記入した		5						
	グラフの書き方を他の人に教えてあげた								10
小計									

得点の記入されている欄を確認し、左に記載された行動ができていたら、数字を○で囲む。行動はしたが十分でないと思われるときは、減点して自分で得点をつける。すべての得点をチェックしたら、列ごとの小計を記入する

81 レーダーチャートで自己分析

――自分のリーダーシップスタイルを知る――

レーダーチャートを書いて自己分析をしてみましょう。外に広がっている部分が強み、内側にへこんでいる部分が弱みです。

➡レーダーチャート
クモの巣グラフとも呼ばれる。複数の項目の大小を一覧で見ることができるのが特徴。線で結ばれた範囲の面積で比較することもある

➡プロット
点を打つ、描画する、置くなどの意味がある。また、構想や脚本という意味でも使われる

●レーダーチャートを作る

前頁で紹介したリーダーシップ自己診断表各列の縦合計得点を、レーダーチャートの8つの軸にプロットします。プロットした点を線で結べば、レーダーチャートができあがります。外に広がっている部分が、自己のリーダーシップの強み、内側にへこんでいるところが弱みです。

●評価項目の定義

①**成果執着性：**より高いレベルの成果を達成することに強い責任感を持ち、最後まであきらめずに能動的に取り組む姿勢

②**率先性：**問題や課題に気づき自ら先んじて行動を開始したり、物事に創意工夫を加えるような行動

③**計数力：**計算能力が優れているだけではなく、数字相互の関連性を理解し、数字が示している事柄を体系的に類推できる力

④**リスク対応・柔軟性：**想定外のことにも冷静沈着に対応し、柔軟に修正・適応していこうとする姿勢

⑤**戦略シナリオ立案力：**ライバルの動きや環境変化を踏まえ、勝ち残るシナリオ（脚本）を創り上げていく力

⑥**情報分析・統合力：**散在する情報、断片的な事実から全体像を類推し、問題の本質を究明する力

⑦**変革志向：**環境変化を肯定的に受けとめ、自らのビジョン、ありようを積極的に変えていこうとする姿勢

⑧**対人影響力：**相手によい印象を与え、注目と関心をひきつけ、自信のある態度を示して、他者の同意や受容を得たり、他者の行動によい影響を与える力

■ 自分のリーダーシップを把握しよう

リーダーシップ・レーダーチャート

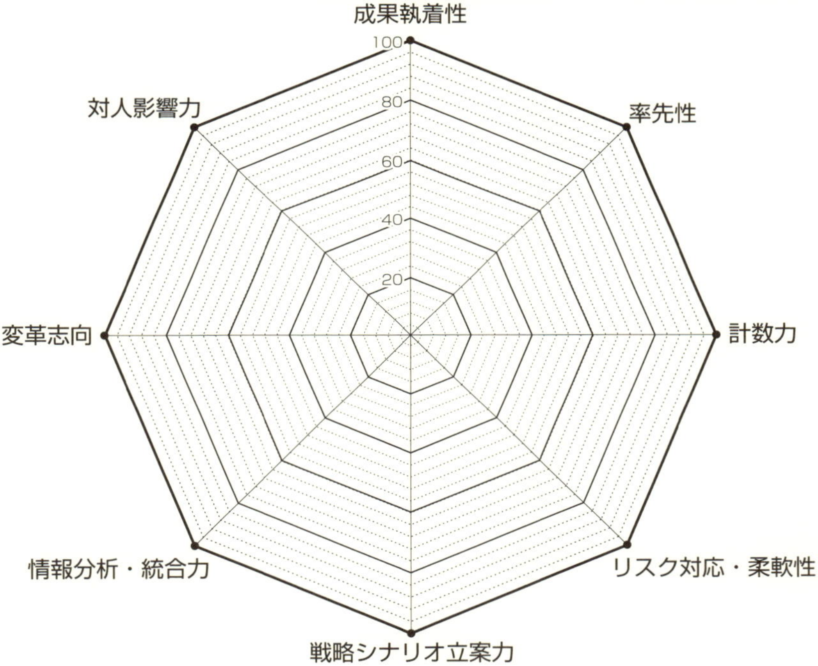

リーダーシップ自己診断得点

コンピテンシー	概　要	得点
成果執着性	最後まであきらめずに取り組む姿勢	
率先性	自ら先んじて行動する力	
計数力	数字が示す事柄を体系的に類推する力	
リスク対応・柔軟性	リスクへの冷静沈着かつ柔軟に対応する姿勢	
戦略シナリオ立案力	勝ち残るシナリオ（脚本）を創る力	
情報分析・統合力	断片的情報から本質を見抜く力	
変革志向	自らを積極的に変えていこうとする姿勢	
対人影響力	他者に働きかけ、よい影響を与える力	

82 行動が人を創る

——資質を創り出す行動トレーニング——

「場の理論」は、資質が行動を規定すると同時に、行動を変えれば資質も変わる可能性があることを示しています。

●資質を変えて行動を変えられるか

従来のリーダー育成研修は、まず識者の講義などを通して資質に働きかけそこから望ましい行動を促すものがほとんどです。

確かに資質と行動は強く結びついており、資質が変われば行動も変わることが期待できるのですが、このアプローチにはやや問題があります。資質は不可視で現状すら把握できないばかりか、心の奥深くにあり、他者からの助言や働きかけで容易に変わるものではないからです。

●「場の理論」が示すこと

本章77で紹介したクルト・レヴィンの「場の理論」によれば、一定の環境（E）のもとでの資質（P）と行動（B）は強い相関関係を持ちます。このことは、資質が行動を規定すると同時に、行動を変えれば資質も変わる可能性があることを示しています。

つまり、ある環境や立場で求められる資質（P）は、望ましい行動（B）を自然にできるようになるまで繰り返しトレーニングすることで、創り出すことができるのです。

➡相関関係
2つの事象が密接にかかわり合い、あるいは影響し合い、一方が変化すればもう一方も変化するような関係

●AMGで経営型人材を創る

経営型人材に必要なリーダーシップ（資質）は、AMGという経営の疑似体験の場（環境）を使って、育成強化することができます。行動学習を繰り返すことでリーダー行動を習慣化すると、それらの習慣はいつしかクセとなり、やがて資質として定着していくのです。

➡行動学習
望ましい行動を、はじめは模倣（モデリング）であってもそれを繰り返すことで修得し、適切な行動パターンを形成する学習方法

■ 行動が人を創る

AMGは「経営型」人材を創る

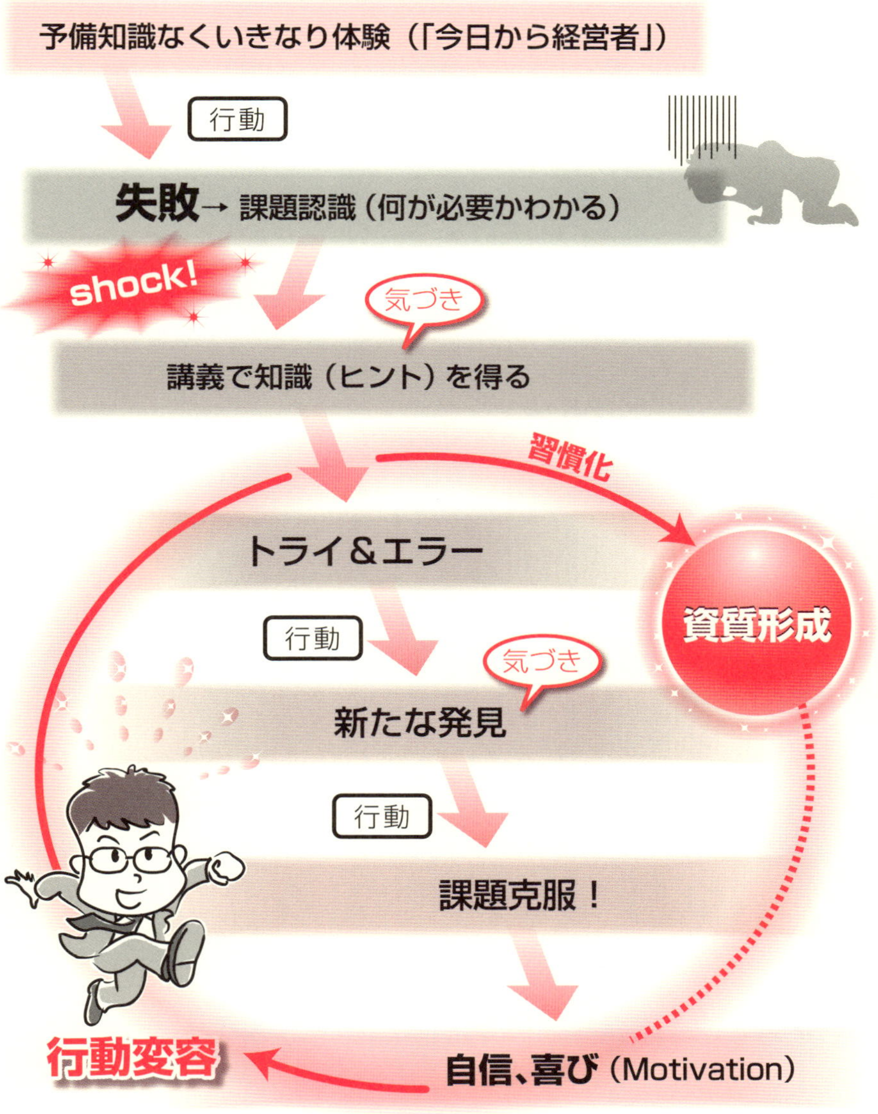

◆著者紹介

松原直樹（まつばら　なおき）

マネジメント・カレッジ株式会社　取締役相談役

1951年兵庫県生まれ。1975年早稲田大学政治経済学部卒、北海道拓殖銀行入行。1980年たくぎん経営相談所で経営コンサルティングに従事。1984年ソニー株式会社入社、人材開発に従事。ソニー・ヒューマンキャピタル株式会社研修統括部長を経て、2004年マネジメント・カレッジ株式会社設立。取締役相談役に就任。
主な著書に、『戦略会計入門』（共著・ソニー・ヒューマンキャピタル）、『完全図解　戦略会計で利益を創る』（共著・日本経済新聞出版社）がある。

マネジメントゲームMGに関するお問い合わせは、
マネジメント・カレッジ株式会社まで。
ホームページ　http://www.mgtco.co.jp

完全図解 行動会計

リーダーのための会計力トレーニング

2010年6月24日　1版1刷
2025年5月27日　15刷

著　者　松原 直樹　©Naoki Matsubara, 2010
発行者　中川 ヒロミ
発　行　株式会社日経ＢＰ
　　　　日本経済新聞出版
発　売　株式会社日経ＢＰマーケティング
　　　　〒105-8308　東京都港区虎ノ門4-3-12

印刷・製本　錦明印刷

ISBN978-4-532-31624-2　Printed in Japan